기억하는 뇌, 망각하는 뇌

기억하는 뇌, 망각하는 뇌

서가
명강
25

뇌인지과학이 밝힌 인류 생존의 열쇠

이인아 지음

서울대학교
뇌인지과학과 교수

21세기북스

사회과학

社會科學, **Social Science**

경영학, 심리학, 법학, 정치학,
외교학, 경제학, 사회학

인문학

人文學, **Humanities**

언어학, 역사학, 종교학,
문학, 고고학, 미학, 철학

예술

藝術, **Arts**

음악, 미술, 무용

신경과학

神經科學,
Neuroscience

자연과학

自然科學, **Natural Science**

과학, 수학, 화학, 물리학,
생물학, 천문학, 공학, 신경과학

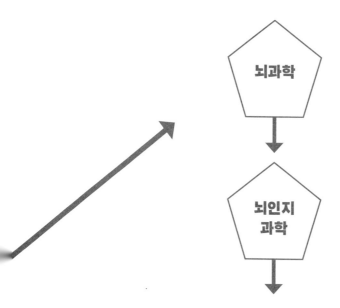

뇌인지과학이란?

腦認知科學, Brain and Cognitive Science

사람을 비롯한 동물의 뇌가 인지와 행동을 어떻게 구현하고 조절하는지 과학적으로 탐구하는 학문 분야이다. 전통적으로 철학 등 인문학과 심리학에서 '마음'을 이해하고자 하는 노력이 자연과학적 방법론과 결합하여 만들어졌다. 세포로 구성된 장기의 하나인 뇌의 생물학적 작동 원리를 탐구함과 동시에 이러한 생물학적 원리가 어떻게 인지와 행동에 대응되는지 연구한다. 인지와 행동과 관련된 문제의 과학적인 해결은 물론 인공적으로 뇌의 인지와 행동을 모방하고자 하는 분야까지 그 응용범위가 매우 넓어 중요한 학문 분야로 성장하고 있다.

이 책을 읽기 전에 주요 키워드

학습(learning)

생명체가 알지 못하던 것을 알게 되는 일을 말한다. 특수한 무언가를 배워서 시험을 치르는 것은 뇌의 학습 시스템 측면에서 보면 아주 작은 부분이다. 갓난아기나 동물의 새끼가 태어나 죽을 때까지, 뇌가 생존을 위해 쉬지 않고 수행해야 하는 기본적인 인지 기능이다. 우리를 둘러싼 환경은 끊임없이 변화하기 때문에 우리의 뇌는 매 순간 학습한다.

절차적 기억(procedural memory)

어떤 과제를 해결하거나 행동을 수행하는 데 요구되는 일련의 지식이나 기능에 대한 기억을 의미한다. 절차적 기억은 자주 사용함에 따라 의식적인 노력 없이 자동적으로 접근하여 사용할 수 있게 된다. 자전거를 타거나 악기를 연주하거나 운전하는 등의 행동을 포함한다. 오로지 행동을 통해서만 내가 해당 기억을 갖고 있음을 보일 수 있다. 일상 속에서 자연스럽게 행동하도록 만드는 아주 중요한 기억이다.

서술적 기억(declarative memory)

사실과 사건에 관련된 기억으로, 절차적 기억과 달리 학습되어 저장된 기억의 내용을 언어를 사용해서 의식적으로 남에게 말해줄 수 있다. 일화기억, 재인, 회상 등은 모두 서술적 기억의 예로, 특히 일화기억은 서술적 기억 시스템의 핵심이다.

일화기억(episodic memory)

개인의 경험, 즉 자전적 사건에 대한 기억으로 사건이 일어난 시간, 장소, 상황 등의 맥락을 포함한다. 우리의 일상생활에 대한 기억을 저장하는 것이기 때문에 개인이 살아온 역사를 저장하고 있는 소중한 기억이기도 하다. 자신에게 일어난 일을 자동적으로 학습하고 이를 기억으로 저장한 뒤, 훗날 기억 속에서 특정 사건이 일어난 시점부터 벌어진 일을 순차적으로 말할 수 있게 한다.

해마(hippocampus)

일반인들이 많이 들어본 알츠하이머성 치매라는 뇌질환이 생기면 뇌의 해마가 다른 뇌 영역들에 비해 상대적으로 먼저 손상을 입는다. 해마 연구는 우리 뇌의 서로 다른 영역이 다른 종류의 학습과 기억에 관여한다는 것을 깨닫게 해줌으로써 현대 뇌인지과학의 출발점을 제공했다.

뉴런(neuron)

뇌세포는 다른 장기의 세포들과 모양도 다르고 기능도 달라서 뇌세포라고 부르지 않고 뉴런이라고 부른다. 뇌는 기본적으로 뉴런이라는 세포로 구성되어 있고, 특정 뇌 영역이 담당하는 기능에 따라 다양한 모양의 뉴런이 존재한다. 뉴런들이 서로 연결되어 이루는 네트워크를 신경회로 혹은 신경망이라고 부른다.

시냅스(synapse)

뉴런과 뉴런이 서로 연결되는 부위에는 화학적 변화가 일어날 수 있는 시냅스라는 공간이 있다. 뉴런들은 시냅스에서 여러 가지 신경전달물질들을 다양한 방식으로 주고받으며 서로 소통한다. 그리고 소통한 방식과 소통한 내용의 중요도에 따라 그 소통은 기억되기도 하고 잊히기도 한다. 시냅스의 강도가 기억되는 것이다. 학습이 일어나는 최소 단위이기도 하다. 학습은 뉴런들 사이의 소통이 시냅스를 통해 일어나면서 그 시냅스의 흥분된 상태가 지속되어야만 뇌에 '새겨지는' 것이다.

외상후스트레스장애(post-traumatic stress disorder, PTSD)

뇌가 특정 기억을 과하게 간직하고 있어도 정상적인 생활을 하는 데 때로는 큰 방해가 된다. 극도의 공포와 불안을 동반했던 일화기억은 세월이 지나도 잊히지 않고, 그 사건과 비슷한 일만 봐도 다시 등에서 식은땀이 나고 몸이 움직이지 않는 반응이 나올 정도로 뇌가 과민반응을 보일 수 있다.

차례

1부   뇌는 학습한다, 고로 생존한다

2부   학습한 것은 기억이 된다

"생명체는 '생명'이 붙어 있는 한 학습한다.
그리고 기억한다. 당연히 목적은 생존이다."

뇌, 꽤 탁월한 자연지능 컴퓨터

'학습'이라는 단어는 우리에게 어떤 장면을 연상시킬까? 아마도 학원이나 학교의 교실에서 무언가를 배우고 있는 누군가의 모습을 떠올리는 사람들이 많지 않을까? 혹은 자신의 방에서 학습지를 열심히 풀며 숙제하고 있는 학생의 모습, 운전면허를 따기 위해 운전 학원에서 자동차의 운전대를 잡고 씨름하는 어떤 이의 모습, 코딩 교육 열풍에 컴퓨터 앞에서 열심히 무언가를 타이핑하는 대학생의 모습, 요리사 자격증을 따기 위해 요리 학원에서 음식 만드는 법을 배우는 주부의 모습, 허약해진 몸을 단련하기 위해 퇴근 후 수영 강습을 받는 직장인의 모습 등 잠시만 생각해보아도 무수히 다양한 학습 장면이 떠오른다. 이처럼 일상적으로 너무나 흔히 쓰이는 단어인 탓에 학습이 무엇인지 모르는 사람은 아마 없을 것이다.

하지만 과연 그럴까? 너무도 역설적으로, 일상에 파고든 학습이라는 말로 인해 우리의 뇌가 태어나면서부터 쉬지 않고 하는 진정한 학습의 의미를 제대로 이해할 기회를 잃어버린 면도 있다.

뇌가 어떻게 학습하는지 연구하는 뇌인지과학자의 입장에서 본 학습의 개념은 매우 간단하다. 학습은 생명체가 알지 못하던 것을 알게 되는 일을 말한다. 알지 못하던 것을 알게 되면 어떻게 행동해야 할지 모르던 생명체가 이제 어떻게 행동해야 할지 알게 된다. 생명체라고 표현한 이유는 사람을 비롯한 포유동물뿐만 아니라 박테리아, 아메바, 곤충, 심지어 식물도 이처럼 단순한 의미의 학습을 끊임없이 하기 때문이다. 즉, 생명체는 '생명'이 붙어 있는 한 학습한다. 그리고, 이를 기억한다. 당연히 목적은 죽지 않고 생존하는 것이다.

"알지 못하던 것을 알게 된다." 너무도 단순한 이 정의에 뇌의 신비와 생존의 신비가 숨어 있다. 알지 못하는 것은 계속해서 생기게 마련이다. 갓 태어난 아기에게 이 세상은 알지 못하는 것 천지이다. 즉, 모든 것이 새롭다. 나이가 들어가며 알게 되는 것이 점점 많아지지만 여전히 알지 못하는 것이 등장한다.

왜 그럴까? 우리를 둘러싼 환경은 끊임없이 변화하기 때문이다. 어제의 날씨와 오늘의 날씨가 다르고, 주변 사람들은 매일 다른 옷을 입고 내 앞에 있다. 내 방의 물건도 어제와 다른 위치에 놓여 있고, 봄에 피었던 벚꽃이 더는 보이지 않는 여름의 가로수는 매우 다른 모습이다. 내 주변의 사물과 사람들, 그리고 모든 생명체가 포함된 환경은 이처럼 끊임없이 변화한다.

만약 우리의 뇌가 조금씩 달라진 이 모든 것을 완전히 새로운 무언가라고 인식하고 매번 다시 학습해야 한다면 어떻게 될까? 아마 우리는 평생 갓난아기 수준의 엄청난 학습을 해야만 할 것이다. 다행히도 우리의 뇌는 계속해서 변화하는 환경 속의 무언가를 익숙한 기억 속의 무언가로 알아보는 능력이 지구상의 어떤 인공지능보다 뛰어나다. 가끔은 새로움과 익숙함 사이에서 헷갈려 하기도 하지만, 우리의 뇌는 그래도 꽤 신뢰할 만하며 탁월한 자연지능 컴퓨터라고 부를 만하다.

나는 대학 연구실에서 뇌의 세포와 세포들이 그물처럼 연결된 신경망이 어떻게 새로운 정보를 받아들여서 기억으로 저장하는지에 대해 연구하는 뇌인지과학자다. 일반인이 읽기에는 어려운 학술 논문만을 20년 넘게 써온 내가 이처럼 대중을 상대로 한 교양서를 쓰는 것은 쉽지 않은 일이었다.

　그런데도 책을 집필하게 된 이유가 있다. 최근 들어 학습의 뇌인지적 원리를 이해하는 것이 일반 대중들에게도 중요해지고 있다. 하지만 그에 비해 뇌인지과학적 지식을 우리말로 쉽게 전달해주는 책은 찾기 힘들어 아쉬웠다. 이 책을 통해 뇌가 학습하고 기억하는 근본적 이유와 원리를 일반인들에게 쉽게 알릴 수 있었으면 하는 바람이다. 또한 치매, 인공지능, 가상현실 등 뇌의 학습과 관련된 우리 주변의 갖가지 이슈와 뉴스에서 다루고 있는 사례들에서 그 핵심이 무엇인지 이 책을 통해 모두가 쉽게 파악할 수 있었으면 한다. 그리고 무엇보다도 모두가 자신의 뇌를 더 잘 이해함으로써 일상 속에서 더 잘 학습하고 행동할 수 있기를 기대해본다.

　마지막으로 아직까지 모르는 것이 너무도 많은 뇌의 신

비를 밝혀내기 위해 실험실에서 구슬땀을 흘리는, 나의 연구실뿐 아니라 전 세계 연구실의 학생들과 연구원들에게 박수와 격려를 보내고 싶다.

2022년 7월

이인아

1부_____

뇌는
학습
한다,

고로

생존
한다

뇌에게 학습은 선택이 아니라 필연적 숙명이다. 왜 그럴까? 뇌가 학습을 멈추는 순간 어떤 일이 일어날까? 단순하게는 세상 속에 계속 존재하기 위해, 더 나아가 세상에 더 잘 적응하고 원하는 삶을 살기 위해 뇌는 끊임없이 학습하고 기억한다.

뇌가 학습하는 이유

학습하는 뇌

이 책에서 학습하고 기억하는 뇌에 대해 이야기해보려 한
다. 뇌의 학습은 뇌인지과학brain and cognitive science이라는 학문
분야에서 오랫동안 탐구해온 주제이다. 뇌인지과학이라는
학문이 생소하게 들리는 독자도 있을 것이다. 뇌인지과학
은 뇌과학brain science과 인지과학cognitive science의 합성어이다.
뇌과학은 신경과학neuroscience이라고도 하며 뇌에 관해 연구
하는 모든 과학을 포함하는 대단히 포괄적인 분야이다. 인
지과학은 전통적으로 심리학과 철학 등 인간의 마음과 행
동을 이해하고자 하는 학문에 뿌리를 두고 있으나, 이를 마
치 컴퓨터 기능을 이해하듯이 정보처리의 관점에서 이해하

고자 하는 과학의 분야이다. 따라서 뇌과학과 인지과학이 합성된 뇌인지과학은 뇌과학의 큰 울타리 안에서 뇌가 우리의 마음과 행동을 결정하는 정보처리를 어떻게 하는지 이해하고자 하는 분야라고 보면 될 듯하다. 쉽게 말하면, 뇌과학을 하는 과학자라고 해서 모두 인지 현상을 연구하는 것은 아니며, 인지과학자라고 해서 모두가 뇌의 세포 수준에서 일어나는 현상을 연구하는 것은 아니다. 하지만 뇌인지과학자라면 이 두 가지 분야를 모두 다뤄야 한다.

이야기를 시작하는 1부는 제목 그대로 '뇌는 학습한다, 고로 생존한다'라는 내용으로, 이 책의 모든 내용을 아우르는 커다란 우산과 같다. 뇌가 학습한다는 것은 생명체에게 어떤 의미가 있을까? 전 세계적으로 잘 알려진 우리나라의 높은 교육열 때문에 우리는 '학습'이라는 단어를 듣자마자 학원이나 학교에 가서 무엇을 배우고 시험 보는 것을 떠올린다. 하지만 이는 굉장히 협소한 의미의 학습이다. 이 책에서 지금부터 하게 될 학습에 대한 이야기는 우리에게 익숙한 학습을 포함하지만, 그보다 훨씬 거대하고 근본적인 뇌의 정보처리 및 생존 방식을 의미한다. 즉, 학습은 험난한 세상에 나온 미숙한 뇌에 탑재된 유일한 생존 도구이자 강력한 무기인 것이다. 이 강력한 도구는 태어나자마자 스스로 작동하기 시작하며 상당 부분 무의식적으로 이루어져 우리는 뇌가 학습을 하고 있는지조차 모르고 있는 경우가 대부분이다.

그렇다면 뇌의 학습 능력이 얼마나 대단하길래 우리는 학습이라는 기능 하나만 믿고 험난한 이 세상에 태어나 생존의 긴 여정을 감히 시작할 수 있는 것일까? 지금부터 학습이 어떤 의미가 있는지, 특히 생물학적 진화와 생존의 관점에서 짚어보도록 하겠다.

생존하려면 피하라

현대인은 수렵 생활을 하던 원시인에 비하면 생존에 위협을 느끼는 경우가 많지 않다. 문명사회를 살고 있으므로 '사자가 나를 덮치려 한다!'와 같은 경험을 할 일이 거의 없다. 즉, '오늘도 죽지 않고 잘 생명을 보존했다'라고 안도하며 매일을 보내는 현대인은 일반적으로 찾아보기 어려울 것이다. 하지만 사람을 비롯한 동물의 세계에서 생존은 중요한 이슈이며, 번식과 함께 모든 행동의 궁극적인 목적이라고 볼 수 있다. 특히 먹이 사슬의 위계에서 하위에 있는 동물들은 오늘 먹을 것을 구하러 나갔다가 언제 잡아 먹힐지 모른다. 다른 동물들과 그다지 다르지 않은 삶을 살았던 원시인에 비해, 현대인은 문명의 진화와 함께 이러한 극심한 생존의 위협으로부터 어느 정도 벗어난 것이 사실이다. 그러나 지금의 인간은 사회라는 거대한 생태계를 문명의 진화와 함께 만들어냈고 그 안에서 역시 생존을 위해 끊임없이 경쟁하는 치열한 삶을 살고 있다. 목숨이 왔다 갔다 하는 정도는 아니지만, 사회적 생존을 위해 원시인 조상이 느꼈던 극심한 불안과 공포, 기쁨, 슬픔, 좌절, 우울함을 그대로 경험하며 살아간다. 상황과 대상만 바뀌었을 뿐 우리의 뇌는 여전히 생존을 위해 발버둥 치는 중이다. 뇌의 학습 원리를 이해하기 위해서는 고도로 발달한 인간의 뇌보다는 단순하다고 여겨지는 동물의 뇌를 연구하는 것이 더 효율적일 때도 있다. 특히, 세포 수준의 정보처리를 연구하기 위해서는 동물의 뇌를 연구하는 것이 필수적이다. 내가 이야기하는 학습에 대한 이야기의 토대 역시 상당 부분 동물 연구를 통해 밝혀진 과학 지식에 의존하고 있음을 우선 밝힌다.

죽지 않고 생존하려면 명심해야 할 두 가지 원칙을 꼽으라고 하면 사람들은 어떤 것을 말할까? 특별한 비밀은 아니고, 누구나 다 아는 내용이다. 생존의 법칙 중 가장 중요한 첫 번째는 해로운 것을 피해야 한다는 것이다. 그것도 해로운 것이 내게 오기 전에 미리 알고 피해야만 한다. 오늘 먹을 것을 구하러 나갔다가 언제 잡아먹힐지 모르는 동물의 세계에서는 이 문제가 피부로 와 닿는다. 아프리카 초원과 같은 자연의 생태계에서 이런 일은 늘 벌어진다. 배가 고파 임팔라 무리에 접근하는 치타를 상상해보자. 치타는 임팔라 한 마리를 잡아먹고 싶다. 물론 생존을 위해. 임팔라는 치타에게 잡혀서는 안 된다. 역시 생존을 위해. 이 생존 게임에서 치타는 한가로이 풀을 뜯고 있는 임팔라 뇌의 감각 시스템이 눈치채지 못하게, 어떻게든 몰래 임팔라 무리에 가깝게 접근해야 한다. 치타의 뇌는 너무 멀리 떨어진 상태에서 임팔라에게 뛰어들었다가, 너무 오래 달리는 바람에 지쳐서 임팔라를 놓쳤던 경험을 똑똑히 기억하고 있다. 이러한 실수를 반복하지 않기 위해 치타는 어떻게든 임팔라 바로 앞까지 들키지 않고 가려 한다. 반대로 경험이 많은, 즉 학습을 많이 한 임팔라는 주변이 '무언가' 평상시와 다르다는 것을 직감함으로써 포식자가 접근하고 있다는 사실을 알 수 있다. 즉, 새들의 지저귀는 소리와 풀벌레 소리가 그치는 등 주변이 이상하게 조용하다는 것을 눈치챈다. 긴장하고 도망칠 대비를 하는 임팔라들을 본 치타는 숲에서 튀어 나갈 포인트를 경험적 학습을 통해 결정하고 순간 엄청난 속도로 튀어 나간다. 치타는 대개 어린 임팔라 한 마리에 포커스를 두고 튀어 나가는데, 이는 어린 임팔라의 뇌가 경험적 학습이 덜 이루어져 미숙하기 때문이다. 경험이 적은 만큼 위험 감지에 더디고 우왕좌왕하기 때문에 상대적으로 잡기 쉽다. 이처럼 자연계에서 포식자와 피식자의 뇌는 서로 생존을 위해 끊임없이 경쟁하고, 경쟁에서 승패를 좌우하는 것은 비슷한 경쟁에 대한 경험적 학습이 얼마나 되어 있는가이다. 우리 인간의 사회생활도 아마 그리 다르지 않을 것이다.

여기서 잠깐, 어린 임팔라가 가까스로 치타의 공격을 모면하고 구사일생으로 생존했다고 가정하자. 치타의 공격을 당해 죽기 직전까지 갔던 두려운 경험을 하기 전의 뇌와 구사일생으로 살아난 한 후의 뇌는 어떤 차이가 있을까? 그리고 뇌에 생긴 그 변화로 인해서 임팔라의 행동은 앞으로 어떻게 바뀔까? 비슷한 환경에 놓이고 비슷한 상황이다가온다면 이번과는 다르게 행동하게 될까? 이러한 궁금증이 바로 학습과 기억을 연구하는 뇌인지과학의 출발점이다.

경험한 것은 모두 뇌에 변화를 일으킨다. 그리고 그 변화는 기억되며 미래의 행동에 영향을 준다. 이것이 뇌의 학습과 기억의 핵심이다. 경험하지 않으면 뇌는 학습을 하지 않을까? 그건 불가능할 것이다. 왜냐하면 아무 일도 하지 않고 집에서 멍하게 누워 있는 것도 일종의 경험이기 때문이다. 따라서 생존해 있는 한 경험을 멈춘다는 것은 상상하기 힘들고, 경험하는 뇌는 자동으로 학습한다.

해로운 것을 피하는 것이 생존의 첫 번째 법칙이라고 이야기했지만, 여기에 생존의 아이러니와 뇌의 딜레마가 있다. 즉, 문제를 계속 피하기만 해서는 생존하기 어렵다는 것이다. 임팔라가 치타만 피하는 행동으로 100퍼센트 생존할 수 있다면 아마도 치타가 나오는 모든 환경과 상황을 다 피해 다니면 될 것이다. 그러나 이렇게 과하게 모든 곳을 피해 다니면서 항상 변화하는 환경에서 생존하고 적응할 수 있을까? 힘들 것이다. 왜냐하면 치타는 항상 임팔라가 생존을 위해 가야만 하는 곳에 나타날 것이기 때문이다.

위험을 겪은 상황을 피하고자 그와 조금만 비슷해도 상황을 피하는, 즉 너무 과하게 학습하고 기억하는 뇌가 얼마나 부적응적 생활을 유발하는지는 우리 인간 사회에서 외상후스트레스장애post-traumatic stress disorder, PTSD를 겪는 사람을 보면 쉽게 알 수 있다. 이에 대해서는 이 책의 뒤에서 다시 살펴볼 예정이다. 일단은 생존을 위해 뇌가 꼭 지켜야 하는 두 번째 법칙에 대해 먼저 이야기해보자.

효과의 법칙과 강화학습

생존에 도움이 되는 두 번째 법칙은 무엇일까? 그것은 바로 이로운 것을 적극 취하는 것으로, 해로운 것을 피하는 것의 반대이다. 해로운 것을 피하고 이로운 것을 취하는 두 가지 간단한 원리로 인간을 비롯한 생명체의 거의 모든 행동을 설명할 수도 있다. 특히, 이로운 것을 취하고자 하는 뇌의 속성은 에드워드 손다이크Edward Thorndike라는 심리학자가 20세기 후반에 고양이를 데리고 행동 실험을 하면서 과학적으로 입증했다. 손다이크는 간단한 실험을 통해 뇌의 학습의 기저에 깔린 매우 강력한 법칙을 발견하고, 이를 '효과의 법칙law of effect'이라고 불렀다.[1] 최근 인공지능 연구에서 컴퓨터가 학습을 하도록 만들 때 손다이크가 발견한 이 법칙을 활용한 '강화학습reinforcement learning' 알고리즘²을 사용하면서 효과의 법칙은 여러 학문 분야에서 매우 폭넓게 활용되고 있다.

그럼 손다이크는 고양이를 데리고 어떤 실험을 했을까? 손다이크는 나무를 이용해 퍼즐박스라는 상자를 만들고 그 안에 고양이를 넣었다.³ 고양이는 퍼즐박스 안에 처음 들어가면 얌전히 있지만, 점차 답답해하며 밖으로 나가고자 한다. 이 퍼즐박스를 나가는 유일한 방법은 상자 안에 있는 줄을 당겨 이와 도르래로 연결된 출입문의 잠금장치를 여는 것이다. 한동안 학생들 사이에 유행했던 방 탈출 게임과 비슷하다. 물론 상자에 처음 들어온 고양이는 이 문이 어떻게 열리는지 전혀 알지 못하고 상자 안의 줄이 문을 잠그고 있는 걸쇠와 관련되어 있다는 것 역시 모른다. 하지만 고양이는 나가고 싶다. 그리고 나가기 위해 여러 가지 행동을 하게 된다. 문처럼 보이는 곳을 발톱으로 긁기도 하고, 나무 창살 사이로 몸을 넣어보려고 버둥거리기도 하는 등 마치 정답을 몰라서 객관식 답안지에 아무 답이나 찍는 수험생처럼 행동한다. 그러나, 아무 의미 없어 보이는 이 행동들은 문제를 해결하는 열쇠가 되는 행동을 발견하기 위한 시행착오 과정이다. 결국 고양이는 우연히 상자 안에 있는 줄을 밀게 되고 이것이 상자 출입문의 걸쇠를 풀면서 문이 열리는 경험을 하게 된다. 문이 열리면 고양이는 밖으로 나올 수 있게 되고 맛있는 음식까지 보상으로 받는다. 효과의 법칙이란 문제의 해결 뒤 보상reward이라는 '효과effect'를 가져다준 행동들은 다음에 다시 반복될 가능성이 크다는 것이다. 반대로 효과가 없었던 행동들은 다시 반복될 확률이 낮다. 효과의 법칙대로 한 번 줄을 당겨 문을 연 경험적 학습을 한 고양이를 다시 퍼즐박스에 넣으면 고양이는 이제 쓸데없는 행동을 최소화하고 바로 줄을 당기는 행동을 해서 상자를 탈출하는 학습된 행동을 보인다. 학습한 것이 뇌에 기억으로 남은 것이다.

이것이 효과의 법칙이다. 너무 간단하고 당연하게 들려서 '저런 법칙은 나도 찾을 수 있겠다' 하고 생각할 수 있을 법하다. 맞다. 과학의 법칙이나 원리는 우리 주변에 널려 있고 누구나 발견할 수 있다. 학자들의 일은 이것을 발견해서 실험을 통해 객관적으로 증명하는 것뿐이다. 이를 증명하는 과정은 과학자로서의 오랜 훈련 기간이 필요하지만,

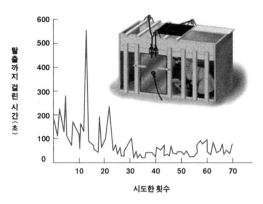

손다이크의 퍼즐박스와 효과의 법칙

결국 이를 통해 정립된 법칙과 원리는 누구나 이해할 수 있는 간단한 것인 경우가 많다.

지금까지 생존을 위해 생명체가 명심하고 지켜야 할 두 가지 법칙에 대해 이야기했다. 손다이크의 고양이나 치타와 임팔라의 예에서처럼 환경 속의 개체agent가 학습을 통해 해로운 것을 피하고 보상이 주어지는 효과를 경험한 좋은 것은 반복한다는 이 두 가지 원리를 학습의 주된 규칙으로 삼는 것이 바로 강화학습[4]이다. 강화학습이라는 말은 일반인들이 접할 기회가 없다가 바둑 게임용 인공지능인 알파고가 이세돌을 이기자 인공지능의 학습 능력에 폭

발적 관심이 쏠리면서 세상에 널리 알려졌다. 강화학습 원리가 알고리즘으로 탑재된 알파고와 같은 인공지능은 특정한 행동의 결과를 기억해뒀다가 그 행동이 승리를 안겨주게 되면 그러한 일련의 행동들을 강화시킨다. 즉, 다음에 비슷한 상황에서 다시 그 행동을 할 수 있도록 기억 속에 확고하게 자리 잡게 한다. 하지만 일련의 행동들이 패배로 이어질 경우, 그러한 행동들이 비슷한 상황에서 다시 나오지 않도록 약화시키는 조정 역시 이루어진다. 이처럼 행동의 결과가 좋고 나쁨에 따라, 즉 문제 해결에 효과가 있었는지 없었는지에 따라 학습 뒤 기억될 정보를 골라서 기억 속에 경험으로 저장하는 것이 바로 강화학습 알고리즘의 핵심이다. 잘하면 다음에도 그렇게 할 수 있도록 상을 주고, 잘못하면 다시는 그런 행동을 하지 못하도록 벌을 주는 것으로 이해하면 될 듯하다.

기억 없는 삶?
생존이 위험하다

일화기억, 일상의 기록

인간은 아프리카 초원의 임팔라도 아닌데 학습과 기억이 우리의 생존과 과연 무슨 상관일까? 치타에게 쫓기며 죽음의 문턱까지 가는 일이 내게도 과연 일어날까? 우리 일상생활의 자연스러움을 방해하고 더 나아가 생존에 위협을 줄 수도 있는 예를 뇌의 학습이라는 관점에서 살펴보도록 하자.

기억에도 종류가 있나 하고 의아해하는 사람들이 있겠지만 기억의 종류는 다양하다. 2, 3부에서 자세히 다루겠지만, 기억의 종류에 따라 관여하는 뇌 영역이 달라진다. 어떤 기억을 위해 어떤 종류의 학습이 이루어지는지에 따라 뇌의 각기 다른 부위가 상대적으로 다른 비중의 일을 하는 것으로 알려져 있다.

우선, 일화기억episodic memory이라는 종류의 기억과 이를 위한 학습에 대해 알아보자. 영화를 좋아하는 독자라면 아마도 2001년에 개봉했던 〈메멘토Memento〉라는 영화를 보았을 것이다. 이 영화의 주인공 레너드는 불운한 사고를 당해 뇌 손상을 입게 되는데, 영화에는 직접적으로 뇌의 어느 부위가 손상되었다고 나오지 않으나 아마도 뇌의 해마hippocampus 및 해마와 관련된 영역에 손상을 입은 것으로 추정된다. 해마가 우리 뇌에서 어떤 역할을 하는지는 나중에 다시 자세히 설명하겠지만, 지금 여기서는 간단하게 해마는 우리의 일상생활 속에서 벌어지는 잡다한 모든 사건에 대한 기억인 일화기억을 생성한다고 알아두면 될 듯하다.

영화 〈메멘토〉는 우리 뇌의 해마가 담당하는 일상적 학습과 기억이 정상적으로 일어나지 못하면 어떤 일이 벌어질 수 있는지 매우 신랄하게 보여준다. 영화 속의 주인공은 자신이 현재 겪고 있는 일을 몇 분이 지나면 기억하지 못한다. 즉, 새로운 기억을 형성하지 못하는 것이다. 이처럼 일상생활 속에서 경험한 사건이 기억에 저장되지 않고 잠시

후에 사라진다면, 즉 경험이 쌓이지 않는다면 과연 어떤 일이 벌어질까? 영화 속의 주인공은 자신의 학습 및 기억 장애를 이용해서 이득을 취하려고 하는 주변 인물들에게 끊임없이 시달린다. 심지어 이를 막기 위해 주인공은 꼭 기억해야 할 사건을 겪는 순간이 오면, 즉석 인화가 가능한 폴라로이드 카메라로 그 장면을 찍고 인화된 사진의 뒤에 펜으로 훗날 기억해야만 하는 내용을 메모한다. 자신의 몸에 문신으로 기억해야 할 내용을 쓰기도 하고, 갖가지 수단을 동원해서 제대로 작동하지 않는 뇌의 학습 시스템을 대체하고자 발버둥을 친다. 이런 주인공이 여간 안쓰러운 게 아니다. 주인공은 죽음을 맞이하지는 않지만 언제 죽는다고 해도 이상하지 않을 만큼 주변에 철저하게 이용당하며 아프리카 초원의 임팔라와 같은 위태로운 고비를 넘기는 모습을 여러 번 보여준다.

회상, 뇌 속의 타임머신

영화 〈메멘토〉의 주인공처럼 죽음과 삶의 경계를 오고 가는 위험에 노출되지 않더라도, 학습과 기억이 뇌에서 제대로 작동하지 않아 일상생활을 영위하는 데 불편을 겪는 경우의 예는 더 찾아볼 수 있다. 이 책을 읽는 독자는 아마도 '회상recollection'이라는 단어를 들어보았을 것이다. 우리나라에서는 유행가의 제목이나 가사에 많이 등장하는 단어여서 그런지 낭만적으로 들릴 수도 있으나, 사실 회상은 학습과 기억 연구에서 특정한 의미를 갖는 전문용어이기도 하다. 뇌인지과학 분야에서 말하는 회상이란 자신의 앞에 더는 존재하지 않는 사물을 기억하거나 자신이 과거에 겪어 이미 지나간 일을 순차적으로 기억해내는 것을 말한다. 그런 면에서 앞서 말한 일화기억 역시 회상의 한 종류라고 볼 수 있겠다.

예를 들어보자. 법정에서 변호사 또는 검사가 증인에게 특정한 날을 언급하며 그날 무슨 일이 있었는지 말해줄 수 있냐고 물어보는 장면을 영화나 책 속에서 많이 접했을 것이다. 그러면 증인은 "기억납니다"라고 대답한 후, 마치 자신의 머릿속에서 그날 그 장소로 타임머신을 타고 돌아간 것처럼 그 일을 순차적으로 이야기하기 시작한다. "아, 그날은 비가 왔었죠. 그리고…." 우리 일상의 대화에서도 무수히 나오는 장면이다. 아침에 회사에서 동료를 만나면 "어제 퇴근 후에 뭐 했어?"라는 질문에 답하기 위해 어제 퇴근 후의 기억을 꺼내어 이야기해줄 수 있는 것처럼 말이다. 또 회상은 오랜만에 만난 동창들과 옛날이야기를 나누는 장면에서 빛을 발한다. 우리는 이를 너무도 자연스럽게 받아들이고 당연하게 생각하지만, 뇌의 신비를 연구하는 과학자 입장에서는 우리 뇌가 이처럼 어려운 과제를 어떻게 수행하는지 그저 놀라울 따름이다. 지금 가장 발달된 인공지능 기술도 범접하지 못하는 지능의 정수라고 볼 수 있다. 마치 타임머신을 타고 과거로 돌아가듯 즉각적으로 과거의 특정 시간 속의 특정 장소로 이동해서 경험한 내용을 말하는 것도 놀랍지만, 사실 그보다 더 놀라운 것은 뇌가 이를 위해 우리가 경험하는 일상을 거의 자동으로 매 순간, 그리고 평생 기록하고 있다는 점이다.

회상의 영어 단어는 우리말로 '다시'를 뜻하는 접두사인 're'와 '모으다'라는 의미의 단어인 'collection'의 합성어이다. 따라서, 회상이라는 말은 영어로는 '다시 모으다'라는 의미다. 우리의 뇌 어딘가에 있는 기억을 다시 모아 시공간적으로 재조합해서 순차적으로 풀어내는 것이다. 만약 회상되지 않는 뇌라고 생각해보자. 누군가에게 "오늘 아침 뭐 하셨어요?" 물었는데 "글쎄요, 기억이 안 납니다"라고 대답한다면 이상한 일이다. 뇌의 학습 능력이 상실되었다고 볼 수 있고 치매 증상이 아닌가 의심도 해보게 될 것이다. 정상적인 사람이라면 회상을 할 줄 알아야 한다. 아침에 무엇을 했는지 기억하지 못해도 상관없지 않을까? 그렇지 않다. 아침으로 무엇을 먹었는지 기억하는 것도 이후에 배탈이 난다면 중요한 기억이 될 수 있다. 또, 사소하게 생각되었던 일에 대한 기억이 나중에 법정에 서게 되면 사건 해결에 아주 중요한 기억이 될 수도 있다. 즉, 언제 어디서 어떻게 생존과 직결된 회상을 해야 할지 우리는 알지 못하기에, 우리 뇌는 모든 것을 일단 학습하고 기억하는 전략을 취하는 듯하다. 이처럼 뇌의 학습과 기억은 우리가 생각하는 것보다 훨씬 더 생존에 중요한 역할을 하고 있다. 너무나 당연하고 자연스럽게 학습하고 기억하기 때문에 깨닫지 못하고 있을 뿐이다.

재인, 존재의 확인

뇌인지과학에서 뇌 속의 기억을 행동에 활용하는 경우를 이야기할 때 회상이라는 단어 외에 '재인recognition'이라는 단어를 사용하기도 한다. 재인이라는 말은 학자들이 영어를 번역하면서 만든 말이라서 일반인들이 일상생활에서 잘 쓰지 않는다. 재인은 말 그대로 다시 인식한다는 뜻으로 영어 단어도 같은 의미이다. 즉, 내 앞에 있는 무언가를 알아본다는 말이다. 내 앞과 주위에 놓여 있는 수많은 사물과 사람들을 우리는 아주 쉽게 알아본다. 사과, 자동차, 우리 엄마, 내 동생, 우리 집 강아지, 스마트폰 등을 우리 뇌는 거의 자동으로 알아본다. 너무도 자연스럽게 이루어지는 기능이라 작동하고 있는지조차 깨닫지 못할 때가 많지만, 조금만 생각해보면 분명 사과가 무엇인지 몰랐던 때가 있었을 것이다. 그리고 학습을 통해 사과는 빨갛고 둥글게 생겼고 먹을 수 있다는 것을 알게 되면서 이를 기억으로 저장했을 것이다. 그 이후로 나의 뇌는 사과라는 물체를 알아보기 위해 그 기억을 무한 반복해서 사용하고 있는 것이다. 최근 인공지능 기술이 가장 앞서가고 있는 분야 중의 하나도 이러한 '사물재인object recognition' 기능이지만, 인간이나 동물의 뇌가 구현하는 자연지능에는 아직도 한참 못 미친다.

범죄 영화에는 목격자가 서 있는 쪽에서는 용의자들이 있는 반대편이 보이지만, 용의자들이 있는 쪽에서는 목격자 쪽이 보이지 않는 거울이 있는 방이 종종 나온다. 이때

"어떤 사람이 당신을 해치려고 했죠?"라고 경찰관이 물으면, "저 사람인 것 같아요"라고 목격자가 손가락으로 용의자를 가리키는 장면을 자주 볼 수 있다. 자신이 과거에 학습했던 기억의 결과물이 내 앞에 놓인 얼굴 중 어떤 것인지 생각해내는 것이다. 회상과 재인의 다른 점이 이것이다. 회상은 기억해내야 하는 내용이 앞에 없다. 그런데 재인은 자신이 기억해야 하는 대상이 앞에 있다. '어, 저 사람 내가 본 사람인데!'라고 알아보기만 하면 된다. 따라서 회상에 비해 재인은 뇌로서는 비교적 쉬운 기억 행위다.

어쨌든 여기서도 범인을 알아보지 못하면, 자신에게 해가 미칠 수도 있다. 범인이 풀려나서 보복할 수도 있고, 잘못 알아볼 경우 선량한 시민이 엉뚱하게 피의자의 누명을 쓸 수도 있다. 이 외에도 알아봐야 할 것을 알아보지 못하면 생기는 위험은 곳곳에 존재한다. 아주 간단하고 극단적인 예로 엄마를 몰라본다면 어떨까? 엄마에게 "누구세요?"라고 하면 아마 장난으로 받아들이실 것이다. 하지만 이런 장면은 특히 치매 환자의 에피소드가 나오는 영화에서 종종 볼 수 있다. 하찮게 볼 이슈는 아니다. 너무 흔하고 잘 작동하고 있어서 중요성을 모르지만, 어느 순간 '저 사람이 누구더라? 어디서 본 사람인데…'라고 혼자 생각하는 일이 생기면 뇌의 학습과 기억 시스템이 제대로 작동하지 않는다는 느낌이 덜컥 든다. 젊을 때는 모르지만 나이를 먹어감에 따라 이런 일은 자주 생길 수 있다. 이는 재인 기능을 담당하는 뇌의 영역들이 나이가 듦에 따라 제 기능을 제대로 하지 못하면서 어느 정도는 자연스럽게 일어나는 현상이다. 자세한 내용은 나중에 설명하겠다. 지금은 뇌의 이런 학습과 기억 능력이 일상생활을 문제없이 자연스럽게 보내는 데 아주 중요하다는 이야기를 하고 싶다. 역으로 말하면, 안 되면 굉장히 곤란하다. 사회에서 생존하기 어려워지기 때문이다.

절차적 기억, 무의식적 학습

일생 동안 우리 뇌에서 학습과 기억을 담당하는 영역들이 정상적 생활이 가능하게 하기 위해 얼마나 큰 역할을 하는지 여러 가지 학습과 기억의 유형을 이야기하며 설명하고 있다. 지금까지 이야기한 일화기억, 회상, 재인 등의 공통점은 학습과 기억의 대상을 내가 의식적으로 기억해낼 수 있다는 것이다. 그러나, 우리 생활의 상당 부분의 행동은 무의식적으로 이루어지며 새로운 행동과 반응 또한 무의식적으로 학습되는 경우가 많다. 무의식적으로 이루어지는 학습에 의해 형성되는 기억은 대부분 '절차적 기억 procedural memory'이라고 분류한다.

절차적 학습 및 기억의 예를 들어보자. 아마도 대부분 어렸을 때 자전거 타는 법을 학습했던 기억이 있을 것이다. 거의 모든 운동이 그러하듯이 처음 배울 때는 내 몸과 근육이 맞나 의심스러울 정도로 몸이 말을 듣지 않는다. 가르쳐주는 사람은 이렇게 저렇게 하라고 하는데 머리로는 이해하지만 몸이 말을 듣지 않는다. 그런데 신기하게도 계속해서 반복적으로 연습하다 보면 어느 순간 자신의 몸이 말을 듣기 시작하는 것을 느낄 수 있다. 두발자전거를 배울 때 처음에는 누군가 뒤에서 잡아주면서 연습을 하지만 계속 연습하다 보면 누가 잡고 있는 줄 알았는데 뒤를 돌아보니 아무도 잡고 있지 않는 순간이 생긴다. 어느 순간 스스로 탈 수 있게 된 것이다.

이렇게 몸의 팔, 다리, 신체 일부 혹은 전체를 움직여서 새로운 동작을 배우는 학습을 '절차적 학습', 그런 학습을 통해 기억되는 내용을 '절차적 기억'이라고 한다. 자전거

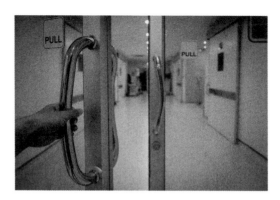
일상에서의 절차적 기억

배우는 일을 예로 들었지만 악기 배우는 행동도 마찬가지다. 피아노, 기타 등 악기를 한번 배워보자. 이것 또한 처음에는 내 손이 맞나 싶을 정도다. 선생님의 손가락은 물 흐르듯 움직이는데, 내 손가락은 왜 이러나 싶다. 그렇지만 계속 연습하면 '이제 된다!' 하면서 신기함을 느낀다. 뇌의 관련 영역이 학습을 하고 있는 것이다. 반복적으로 경험하면 뇌는 분명히 변한다. 뇌의 어떤 변화 때문에 행동의 변화가 초래되는지는 2부에서 살펴보겠다. 어쨌든 운동선수나 음악가들은 모두 절차적 학습에 단련된 사람들이다.

그렇다면 운동을 배우지 않고 악기를 배우지 않으면 절

차적 학습은 일상생활에서 할 일이 없을까? 전혀 그렇지 않다. 대중교통을 이용하는 모습을 생각해보자. 버스에 타려면 일단 버스 문이 열리기를 기다렸다가 문이 열리면 계단을 올라가서 교통카드를 꺼내 찍고 안으로 들어가서 자리에 앉거나 서 있다. 버스를 처음 타보는 사람에게는 이모든 절차가 학습을 통해 익혀야 하는 새로운 내용이지만 한두 번만 버스를 타보아도 거의 무의식적으로 딴생각을 하거나 음악을 듣거나 친구와 이야기하면서도 우리 뇌가 자동으로 알아서 할 수 있는 절차적 기억이 된다. 이처럼 절차적 기억은 무의식적이고 자동으로 학습된다. 출입문을 여는 행동 역시 우리가 언젠가 처음 배웠을 절차적 기억이다. 출입문 종류와 손잡이의 종류에 따라 여는 방법이 다르다. 손잡이를 돌려서 열어야 하는 문이 있고 당겨야 하는 문이 있으며 밀어야 하는 문이 있는가 하면 자동문처럼 가만히 앞에 서 있어야 열리는 문이 있다. 내 앞에 놓인 문을 재인하고 회상하며 '어렸을 때 이 문은 당겨야 열렸었지'라고 기억을 더듬어 문을 여는 사람이 있는가? 보통은 문을 보자마자 무의식적으로 연다. 뇌의 절차적 기억을 담당하는 영역이 알아서 해주기 때문이다. 나중에 더 자세히 설명하겠지만 우리 뇌에서는 소뇌, 기저핵, 선조체 등의 다양한 영역이 협업을 통해 거의 무의식적으로 특정 절차를 학습할 수 있다. 절차의 단계들의 순서와 각 단계 사이의 시간 간격과 타이밍 등 매우 정교한 계산을 하는 신경세포들이 이뤄내는 마법과도 같다.

절차적 기억의 특징은 무의식적으로 학습되고 기억되는 것이라고 했다. 더욱 놀라운 점은 절차적 기억을 의식적으로 꺼내려고 노력하면 오히려 기억을 찾는 데 방해가 된다는 사실이다. 즉, 뇌의 절차적 학습 영역들은 의식적 간섭을 받는 순간 오작동하기 시작한다. 아마 악기를 연주하는 연주자나 운동선수들은 이러한 특성을 잘 알고 있을 것이다. 콩쿠르 대회에 참가한 우수한 피아니스트들이나 올림픽에 참가하는 상위 레벨 선수들의 기량은 대개는 비슷하다. 우승을 좌우하는 것은 자신이 연습한 것을 얼마나 무의식적으로 100퍼센트 발휘하는가에 달려 있다. 연습실이나 체육관에서는 잘 되던 것도 수많은 관중과 우승에 대한 압박으로 인해 자신이 잘하고 있는 것인지 의식적으로 자꾸 생각할수록 역설적으로 우승에서 멀어진다. 따라서, 엘리트 연주가나 운동선수는 그러한 심리적 중압감을 뒤로

하고 거의 무의식적으로 자신의 절차적 기억 시스템이 뇌에서 알아서 하도록 놔두는 고난도의 훈련을 한다. 절차적 학습과 기억을 할 수 없다면 올림픽 메달이나 콩쿠르 대회 우승이 문제가 아니라 우리는 문도 열지 못하고, 운전도 못하고 버스도 타지 못한다. 즉, 사회에서 생존할 수 없다.

학습은 기억하기
위해서만 할까?

학습하지 않는 뇌는 상상할 수 없다

흔히 일반인들이 생각하는 학습은 새로운 것을 알게 되고, 그 새로운 것을 뇌에 기억으로 저장했다가, 필요한 순간이 오면 꺼내서 쓰기 위해서 필요하다. 학교에서 수업 시간에 배운 것을 시험으로 테스트하는 것도 이러한 목적이다. 그렇다면 학습은 과거의 경험을 기억하는 데만 쓰일까? 뇌인지과학적 측면에서 보면 오히려 반대의 이유로 학습이 필요하다. 과거의 반대는 미래다. 즉, 학습은 미래를 계획하고 대비하기 위해 필요한 것이다. '미래의 계획과 학습이 무슨 상관이지?' '계획은 앞으로의 일을 생각해보는 것 아닌가?' '아직 일어나지 않았고, 경험하지 않았는데 학습이 무슨 상관인가?'라고 생각할 수도 있으나 자연계에서 생명체가 생존하기 위해 학습을 한다는 대전제를 염두에 두고 학습의 목적을 생각해본다면 이해가 갈 것이다.

조금만 생각해보아도, 어떤 일을 계획할 때 자신이 경험하지 않았던 것을 계획하기는 쉽지 않다. 예를 들면, 회사에서 오랫동안 근무하며 다양한 경험을 한 직원이 세우는 업무 계획과 그다지 경험이 풍부하지 못한 신입사원이 세우는 업무 계획은 확연한 차이가 날 것이다. 경험이 풍부한 개인이나 조직이 뜻하지 않은 변수를 만났을 때 노련하게 계획을 세우고 대처한다는 보편적 진리는 모두가 잘 알고 있다. 이것은 모두 학습의 결과이다. 노련한 개인은 수많은 시행착오를 통해 학습한 '경험'이라는 자산이 있고, 이 경험적 기억은 뇌에 저장되어 있다. 이처럼 노련한 사람은 일을 시작하기 전에 일어나지 않은 일들이지만 어떻게 일어날지, 그리고 각각의 일들에 어떻게 대처할지에 대해 머릿속에서 미리 '시뮬레이션simulation'을 해본다. 경험적 학습을 통해 다양한 사례에 대한 풍부한 기억을 가지고 있을 경우, 이 시뮬레이션의 현실성은 매우 높을 것이다. 그 반대의 경우는 실현 가능성이 낮을 것이다. 겪지 않은 일을 상상하여 계획하는 것은 힘들기 때문이다. 물론 경험은 자신이 직접할 수도 있지만 책이나 영화 등을 통해서 간접적으로 할 수도 있다.

계획을 세울 때 경험적 기억에 기반을 둔 시뮬레이션혹은 상상의 중요성을 이야기했다. 그렇다면 학습하고 기억할 때 활동하는 뇌의 영역과 상상할 때 열심히 활동하는 뇌의 영역은 같을까 다를까? 이 질문에 답하기 전에 우선 인공지능에 대해 조금 얘기해보자. 대부분의 한국인은 2016년 3월 딥마인드^{DeepMind}라는 구글의 인공지능 회사가 개발한 바둑 프로그램인 알파고와 우리나라의 세계적 바둑 기사인 이세돌 9단의 바둑 게임을 기억할 것이다. 이세돌과 알파고는 총 5회의 대국을 벌였는데 당시에 게임이 끝나면 항상 검은 양복을 입고 나와 알파고가 게임을 어떻게 했는지에 대해 브리핑하고 기자들의 질문에 답하던 사람이 있다. 데미스 하사비스^{Demis Hassabis}라는 사람으로 딥마인드를 만든 사람이며 알파고 프로젝트의 책임자다.

하사비스는 천재적인 사람이다. 어렸을 때부터 체스 신동이었으며 이후 컴퓨터 프로그래밍에도 남다른 재주를 보였다. 특히 전략 시뮬레이션 게임을 잘 만들면서 컴퓨터 게임계에서 유명해졌다. 하지만 젊은 시절 하사비스가 직업적으로 게임용 프로그램을 개발하면서 깨달은 것은 인간의 뇌의 인지 기능처럼 작동하는 알고리즘의 필요성이었다. 특히, 체스나 바둑 게임을 위한 프로그램처럼 인간의 뇌를 상대로 컴퓨터가 경쟁하기 위해서는 적어도 인간의 인지 기능을 기계가 비슷하게 구현하여 게임하는 사람이 컴퓨터가 아니라 실제 사람과 게임하고 있다고 느끼게 하는 것이 중요하다고 생각했다. 이를 위해서는 사람의 뇌의 인지 기능을 흉내 낼 수 있는 인공지능 컴퓨터가 필요하다고 느꼈다고 한다. 자신이 인간 뇌의 인지 기능에 대해 아는 것이 별로 없다고 생각한 하사비스는 영국의 유니버시티 칼리지 런던University College London, UCL이라는 명문 대학의 대학원에 입학하여 유명한 뇌인지과학자이자 해마 연구 전문가인 엘리너 맥과이어Eleanor Maguire 교수의 지도를 받으며 해마의 학습과 기억에 대한 연구로 뇌인지과학 박사학위를 받았다.

다시 우리의 질문으로 돌아와서 학습과 기억이 이루어질 때 활동하는 뇌의 영역과 미래에 일어날 일을 상상할 때 활동하는 뇌의 영역이 같은지 알아보자. 하사비스가 박사학위를 위해 연구한 주제가 바로 '인간이 상상할 때 뇌의 해마가 꼭 필요한가?'이다.[5] 해마는 앞서 잠깐 언급한 바와 같이 우리가 일상에서 겪은 일들을 학습하여 일화기억으로 저장할 수 있게 해주는 중요한 뇌 영역이다. 일반인들이 많이 들어본 알츠하이머성 치매라는 뇌질환이 생기면 뇌의 해마가 다른 뇌 영역들에 비교해 상대적으로 먼저 손상을 입는다. 이렇게 되면, 해마의 일화기억 학습이 잘되지 않고 경험한 것들을 곧 잊어버리게 된다. 마치 〈메멘토〉 영화의 주인공처럼 말이다. 하사비스의 실험에서는 실험에 참여한 피험자에게 특정한 장면을 상상해보라고 했다. 예를 들어서 "지금 당신이 해변에 누워있다고 상상하고, 해변에서 무슨 일이 일어나는지 상상 속의 장면을 이야기해보세요"라고 하면 대부분의 사람은 별로 어렵지 않게 상상력을 발휘해서 장면을 말할 수 있다. "갈매기가 날고 있고, 파도 소리가 들려요"와 같이 해변이라는 장소와 맥락에 맞는 장면들을 그럴듯하게 상상해낸다. 그러나 해마에 손상을 입은 환자에게 같은 요구를 했더니 정상인에 비해 이러한 상상 능력이 현저히 떨어졌다고 한다. 또, 우리가 병원에서 볼 수 있는, 흔히 MRI라고 부르는 자기공명

영상magnetic resonance imaging 장치에 들어가서 실험자의 지시에 따라 상상하는 과제를 수행하는 피험자의 뇌를 관찰했다고 한다.[5] MRI 장비에서 기능적자기공명영상functional magnetic resonance imaging 기법을 활용하면, 우리가 특정 인지 과제를 할 때 뇌의 서로 다른 부위의 활성 패턴을 볼 수 있기 때문이다. 하사비스는 이때 해마 및 해마와 관련된 뇌 영역들이 열심히 일하고 있는 것을 확인할 수 있었다고 한다. 이러한 연구 결과들은 경험적 기억을 학습하는 해마가 가상의 경험을 만들어내는 작업인 상상이나 시뮬레이션을 할 때도 마치 사건을 경험하고 있는 것처럼 똑같이 활동한다는 것을 보여준다.

이러한 연구 결과들을 볼 때, 상상을 하거나 계획을 할 때 과거 경험이 풍부한 사람이 더 유리할 것으로 생각된다. 흔히 부모들은 아이들의 상상력을 풍부하게 만들어주고 창의력을 길러주려면 어떻게 해야 하는지 궁금해한다. 앞에서 설명한 뇌인지과학적 연구 결과를 바탕으로 생각해보면, 가장 좋은 방법은 상상하는 연습을 하는 것보다는 아이가 많은 것을 경험하고 학습하게 해주는 것이다. 많은 것을 경험한 뇌는 많은 것을 상상할 수 있고 창의적 사고를 할 수 있다. 이때 경험은 직접적 경험일 수도 있고 책이나 TV를 통한 간접적 경험일 수도 있다. 경험을 상상으로 이어지게 하고 이를 바탕으로 계획하고 실행하는 능력은 인간 뇌인지의 꽃이다.

학습의 주된 목적은 과거의 경험을 기억하기 위해서이지만, 동시에 미래를 대비하기 위해서이기도 한 것이다. 인간의 이러한 경험적 미래 대비 능력과 생존 능력은 현재의 인공지능 기술이 흉내 내기 어려운 능력이다.

학습하지 않는 뇌는 공감하고 소통할 수 없다

내가 이 책을 쓰고 있는 2022년 3월 현재 2020년 초부터 시작된 신종 코로나바이러스 감염증COVID-19으로 인해 우리나라를 비롯한 전 세계가 정상적인 사회생활을 하지 못하고 있다. 감염병의 위험 때문에 서로가 서로를 멀리하고 마스크를 쓰고 하루 종일 살아가는 모습이 일상이 된 지 벌써 2년이 넘었다. 사람들은 인간이 사회적 동물이라는 것을 아마도 그 어느 때보다도 뼈저리게 느끼고 서로 웃고 떠들며 함께하던 시간을 많이 그리워하고 있을 것이다. 인간을 비롯한 동물의 뇌는 서로 소통하는 사회적 상호작용을 통해 자연스럽고 끊임없이 학습한다. 뇌의 기능을 이야기할 때와 학습이 생존에 왜 중요한지 이야기할 때 빼놓을 수 없는 것이 다른 사람과의 상호작용이다. 이것을 뇌인지 분야에서는 사회적 뇌인지social cognition라고 한다. 감염병의 위협으로 사회적 상호작용이 활발하지 못한 지금, 우리의 뇌 역시 힘든 시기를 겪고 있다고 볼 수 있으며 특히 발달 과정에 있는 아이들에게는 매우 심각한 영향을 미칠 수 있어 걱정이다. 일단 곧 감염병 팬데믹을 이겨내고 정상적 사회생활을 할 수 있기를 바라며 사회적 학습의 몇 가지 예와 그 중요성을 이야기해보자.

우선, 공감empathy에 대해 알아보자. 공감이란 상대방의 관점에서 상대방이 하는 이야기를 이해해주는 것을 말한다. 사람들은 자기 말에 공감하는 사람을 좋아한다. 상대방이 내게 말을 하면 '아, 그럴 수 있지!' 해주거나 '아, 내가 그 기분 알지' 하면서 맞장구를 잘 치는 사람은 늘 인기가 있다. 그런데 남에게 벌어진 일을 듣고 이에 진정 공감하려면 그와 비슷한 경험이 필요하다. 자신이 그런 일을 당해본 적 있어야 정말 실감 나게 공감해줄 수 있다. 반대로 상대방이 말하는 내용과 유사한 경험이 없다면 아마 상대방도 내가 자신의 이야기에 진정 공감하고 있다고 느끼지는 않을 것이다. 상담센터나 병원에 가서 상담받을 때 보면 상담을 전문으로 하시는 분들은 진심으로 공감하는 듯 보인다. 이는 아마도 수많은 사람을 상담하면서 간접 경험을 통해 얻은 학습의 효과일 것이다. 꼭 전문가가 아니더라도 서로 학습한 경험을 공유하고 있음을 확인할 때 인간은 동질감을 느끼며 기분이 좋아지고 우울함이 사라진다. 그것이 바로 사회적 뇌인지다. 학습을 통해 풍부한 경험적 기억을 쌓은 사람들은 남의 이야기에 진심으로 공감할 수 있고 이를 통해 사회적 상호작용을 보다 더 잘할 수 있다.

공감과 비슷하지만 약간 다른 사회적 인지에 대해 이야기해보자. 바로 '마음이론Theory of Mind'이다. 마음이론이란 다른 사람이 어떤 생각을 하고 있는지에 대한 '나의 생각'이다. 다른 사람에게 실제로 그런 생각을 하고 있는지 확인해보지 않는 나만의 생각이므로 '이론'이라고 부른다. 이렇게 다른 사람이 어떤 생각을 가지고 있는지 유추하는 것은 사회생활에서 자신의 반응 행동을 결정하고 계획을 세우는 데 아주 중요한 능력이다. 마음이론의 형성이 아주 뛰어난 사람들을 보면, 사회생활이 원만하고 타인에 대한 배려가

뛰어나다. 반대로 마음이론에 대한 인지적 능력이 떨어지는 사람들을 보면, 사회생활 점수는 0점이며 심지어 자기밖에 모르는 사람이라는 오해를 사기도 한다. 실제로 자폐적 성향이 있는 사람이나 기타 조현병 등의 정신질환을 앓는 사람을 보면 이런 마음이론이 뇌에서 제대로 형성되지 않고 사회생활이 어렵다고 알려져 있다.

마음이론이 어떻게 뇌에서 작동하는지에 대해서 구체적인 뇌인지과학적 지식이 축적되려면 상당한 시간이 걸릴 듯하다. 현재는 우리 뇌의 가장 앞부분에 위치한 전전두피질prefrontal cortex을 비롯한 몇몇 영역들의 활성패턴이 관련 있는 것 같다는 정도만 알려져 있다. 전전두피질은 여러 기능을 수행하지만, 특히 우리가 학습한 것을 활용하여 특정한 목표를 달성하거나 전략적으로 활용하는 데 매우 중요하다. 즉, 목표 달성을 위한 크고 작은 전략을 마련하고 이를 차례로 행동에 옮기는 데 중요한 뇌 영역이며, 이 과정에서 경험적으로 학습된 기억이 어떤 행동을 할 것인지를 결정하는 데 중요한 역할을 한다. 이런 이유로 전전두피질을 뇌의 '최고위 센터executive center'라고 부르기도 한다. 앞에서 학습된 기억은 과거의 회상 목적만이 아니라 미래의 계획 수립을 위해 더 중요하다고 이야기했던 이유가 바로 이 전전두피질과 같은 뇌 영역의 기능을 보면 쉽게 이해가 될 것이다. 상대방의 마음을 유추하고 그에 대한 이론을 형성하는 것 역시 이에 대응하기 위한 행동 전략을 수립하고 대비하기 위한 측면이 있다. 따라서 이러한 사회적 상호작용에서 전전두피질이 얼마나 학습과 기억 관련 영역들과 긴밀히 소통하는지가 사회생활에서 매우 중요하다고 할 수 있다.

그 밖에 사회생활을 잘하기 위해 중요한 소통, 즉 커뮤니케이션communication 능력도 마찬가지로 학습과 연관 지어 생각해볼 수 있다. 나는 여느 대학 교수와 마찬가지로 대학에서 학생들을 가르치고 연구실에서 연구도 한다. 어느 조직이나 마찬가지겠지만 특히 가르치는 현장에서는 소통이 매우 중요하다. 특히 대학원 수준의 고등교육에서는 끊임없이 소통하며 자신의 비판적 사고력과 이해력을 훈련하는 것이 중요하다. 그러나 강의실에서나 연구실에서 학생들과 소통하다 보면 커뮤니케이션이 잘 안되는 학생이 있다. 심지어 동료 교수 중에도 이런 사람은 존재한다. 경험에 비춰볼 때 이렇게 소통이 되지 않는 사람들은 몇 가지 유형이 있다. 첫 번째는 자신의 의견을 말하고 나서 듣게 될 상대방의 반응을 지나치게 걱정하는 유형이다. 사회적 불안의 수준이 타인보다 유난히 높아서, 마음속으로만 생각하고 자신의 생각을 잘 이야기하지 않는 유형이다. 이러한 유형은 사실 표현하지 않을 뿐이지 이들의 뇌 속에서는 계속해서 사회적 인지 기능이 발휘되고 있을 것이다. 두 번째 유형은 자폐적 성향을 가지고 있는 사람들이다. 이러한 부류의 사람들은 자신만의 정신세계에 몰입되어 있다. 너무 심할 경우 몰입보다는 '갇혀 있다'는 표현이 더 적절할 것이다. 자연히 외부 자극과의 소통은 어렵게 되며 사회 속의 다른 사람도 이러한 자극의 일부인 것이다.

지금까지 이야기한 내용을 정리해보면 사회생활을 성공적으로 하기 위해서는 학습과 기억 및 그 결과물을 활용하는 인지 기능이 정상적으로 작동해야 한다는 것을 알 수 있다. 인간은 사회적 동물이므로 사회생활을 제대로 할 수 없는 사람은 과연 인간답게 생존하고 있는가에 대한 철학적 물음에 직면하게 된다. 공감, 마음이론과 같은 타인에 대한 이해, 소통 등의 중요성은 사회생활의 필요성이 없이 개별적인 인지 기능만이 강조되며 개발되고 있는 지금의 인공지능보다 사람의 뇌가 발휘하는 자연지능이 얼마나 뛰어난지 새삼 깨닫게 해준다.

애매함의 홍수 속에 뇌는 매 순간 판단한다

1부에서는 뇌에 대한 전문적인 내용보다는 학습이 왜 중요한가에 대한 이해를 돕기 위해 학습이 꼭 필요한 일상생활의 여러 가지 측면에 대해 이야기했다. 1부 내용의 큰 줄기는 '생존을 위해서 학습과 기억은 대단히 중요하다'는 것이다. 다시 말해, 일상생활에서 해로운 것을 피하고 이로운 것을 취하기 위해 여러 행동을 하는데, 이때 학습과 기억이 중요하다는 이야기다. 그것의 예로 회상, 재인, 계획, 상상력, 공감, 이해, 소통 등을 살펴보았다. 뇌는 매우 오래전에 단순한 세포에서 매우 복잡한 장기로 진화했는데, 진화의 과정에서 방향을 결정한 가장 중요한 요소가 바로 '어떻게 하면 생존 확률을 높일 수 있을 것인가'이다. 뇌는 이를 위해 끊임없이 학습하고 학습된 것을 응용해보며 쓸 만한 기억인지 검증한다. 뇌의 이런 특성을 이해하면 이후에 소개하게 될 뇌의 세포 수준의 학습 원리가 더 잘 이해할 수 있을 것 같다.

1부에서는 애매한 것을 학습하는 뇌에 대해서는 가급적 강조하지 않았지만, 이 부분은 인공지능과 차별되는 뇌의 우수한 능력으로 강조할 필요가 있다. 뇌는 학습할 때 외부 환경에서 벌어지는 현상을 경험하면서 이전에 이미 경험했던 것인지 아니면 새로운 것인지 판단하게 된다. 엄마의 얼굴처럼 이미 알고 있던 익숙한 자극이 나타나면 뇌는 즉각적으로 이를 알아본다. 이 경우는 새로운 학습이 필요 없고 기억을 찾아서 꺼내면 된다. 하지만 '우리 엄마와 비슷하지만 약간 다르다'라고 느끼면 새롭게 학습해야 한다. 문제는 익숙함과 새로움 사이의 경계가 어떤 경우는 매우 모호하다는 것이다. 이것이 바로 뇌인지과학에서 말하는 자극의 '애매함ambiguity'이다. 자연환경의 자극은 늘 변한다. 우리 집 밖의 나무도 새벽부터 밤까지 조명빛과 자연빛의 변화에 따라 형형색색의 자극으로 바뀌지만, 우리 뇌는 그런 변화를 무시하고 이를 동일한 나무라고 알아본다. 뇌가 조금만 자극이 바뀌어도 새롭게 인식하고 그때마다 학습해야 한다면 아마도 엄청난 에너지의 낭비와 기억 저장소의 낭비를 가져올 것이다.

이런 점을 고려할 때, 우리 뇌는 어쩌면 매 순간 애매함의 홍수 속에서, 익숙함과 새로움 사이에서 판단을 내려야 할 것이다. '저건 내가 이미 알고 있는 것'이라고 판단하는 순간 기존의 경험을 토대로 행동하게 되고, '저건 새로운 것'이라고 판단하는 순간 주의를 더 기울이고 몰입해서 자세히 학습하기 시작한다.

앞에서 들었던 임팔라의 예로 돌아가 보자. 임팔라와 같은 초식동물들은 맹수가 나오는 조건을 어느 정도 알고 있다. 그럼에도 불구하고 애매한 경우가 있다. 정말 안전하게 살고 싶다면, 애매한 경우마다 보수적으로 생각하고 맹수가 나온다는 가정하에 무조건 도망가면 된다. 하지만 매번 도망가자니 풀을 먹지 못하고 풀을 먹지 못하면 생존하기 어렵다. 반대로 풀을 먹는 것에 너무 집착하자니 맹수에게 당할 것 같은 딜레마가 온다. 이런 뇌의 딜레마는 애매함을 던져주는 우리의 환경 덕분에 생긴다. 하지만 뇌는 지금의 가장 뛰어난 인공지능과는 비교도 안 될 만큼 애매한 정보를 처리하고 이에 대응하는 능력이 탁월하다. 아마도 이는 오랜 진화를 통한 학습 시스템의 진화와 더불어 생존에 대한 뚜렷한 목표 의식이 시스템에 탑재되어 있기 때문일 것이다.

기억의 종류가 있다는 게 새롭다. 그렇다
면 절차적 기억이 특별히 약하거나 특정
종류의 기억만 잃게 되는 일도 있는가?

그렇다. 우리 뇌에 서로 다른 종류의 기억을 담당
하는 영역들이 존재한다는 것을 학문적으로는
'다중기억시스템multiple memory systems'이 존재한다고
한다.

다중기억시스템의 존재를 깨닫게 해준 역사적
계기는 이 책의 3부에서 해마에 대한 이야기를 할
때 더 자세히 설명하겠지만, HM이라는 환자가

나오면서다.[7][8] HM이라는 환자는 해마를 선택적으로 제거하는 수술을 받은 후 일화기억이라는 특정 종류의 기억만이 손상되고 절차적 기억 등 다른 종류의 기억은 일반인과 별 차이가 없었다. 해마가 손상되는 대표적인 뇌질환으로 치매가 있다. 치매 중에서도 알츠하이머성 치매에 걸리면 환자의 절차적 기억은 정상이나 공간기억이나 이에 바탕을 둔 일화기억이 주로 손상된다. 즉, 이러한 환자는 자신이 새롭게 경험한 것을 기억하지 못한다. 반대로 절차적 기억을 담당하는 뇌 영역이 손상되면 일화기억은 정상이나 운동 학습 등의 절차적 학습과 기억 능력이 선택적으로 영향을 받을 것이다.

지금은 학계에서 당연시되고 있지만, 뇌의 서로 다른 영역들이 다른 종류의 학습과 기억에 관여한다는 사실은 HM이라는 환자의 케이스가 보고될 때까지만 해도 매우 낯선 주장이었다. 그전까지는 학습과 기억의 종류와 상관없이 뇌의 거의 모든 영역이 일반적으로 모든 종류의 학습과 기억에 조금씩 다 관여한다고 생각했기 때문이다.[9] HM과 관련 연구의 등장은 이러한 학계의 정설을 완전히 뒤집어버렸다.

파킨슨병에 대해 들어보았을 것이다. 절차적 기억을 잘하기 위해 중요한 기저핵, 선조체 등의 뇌 영역이 손상되면 절차와 순서를 기억해내는 데 매우 서툴어지게 된다. 근육들이 순서대로 일사 불란하게 기억 속에 존재하는 프로그램을 따라 움 직여줘야 하는데 파킨슨병이 있는 사람들은 이것 이 안 된다. 그러나 파킨슨병 환자에게서 해마가 손상된 알츠하이머성 치매 환자에게 보이는 일화 기억 능력의 손상은 잘 보이지 않는다. 이처럼 뇌 에는 여러 개의 종류별 학습과 기억 시스템이 존 재하고 이들은 꽤나 독립적으로 작동한다.

나이가 들면 기억력이 떨어진다. 이때 기억력이 감소하는 순서가 있는가? 예를 들면 회상하는 능력이 먼저 떨어지거나 재인 능력이 먼저 떨어지거나 하는가?

이것도 앞에서 이야기한 다중기억시스템과 관련 있는 내용이다. 질문의 큰 전제는 '나이가 들면'이라는 것이다. 나이가 들면 뇌세포가 죽기 시작하는데 알츠하이머성 치매 같은 뇌질환은 이러한 세포의 사멸을 더 촉진시킨다. 다중기억시스템의 서로 독립된 시스템 중 나이가 들면서 진행되는 세포의 사멸에 의해 어떤 시스템이 먼저 영향을 받는가에 따라 특정한 종류의 기억력 감소는 더 일찍 찾아올 수도 있고 다른 종류의 기억력 감소는 더 늦게 진행될 수도 있다. 하지만 절대적인 순서가 알려진 바는 없다. 개인마다 뇌의 질환이나 노화가 왔을 때 손상되는 부위가 조금씩 달라서 나이 50세가 되면 무엇부터 약해지고, 60세가 되면 어면 부분이 손상되고 하는 절대적인 공식을 따르는 것은 아니다.

그래도 굳이 비교를 하자면, 대개 절차적인 기억을 담당하는 부분은 일화기억 등을 담당하는 해마 시스템에 비해 더 오래 정상적으로 작동하는 듯하다. 아마도 절차적 기억 시스템이 일상생활에서 반복적으로 기억된 내용을 자주 인출해서 쓰기에 세포의 노화가 더디게 진행되는 덕일지도 모르겠다. 매일 운동만 규칙적으로 한다면 나이 드신 분들도 절차적 기억의 유지에 아무 문제가 없는 사례를 자주 볼 수 있을 것이다.

이에 비해, 해마를 필요로 하는 일화기억 시스템과 이와 관련된 회상, 재인 등을 담당하는 뇌의 내측측두엽medial temporal lobe 시스템은 상대적으로 나이가 들어가며 더 빨리 노화되는 듯하다. 젊을 때는 그렇지 않았는데 중년 후반에 접어들면서 지인의 얼굴은 기억이 나는데 이름이 기억이 나지 않거나 옛날 친구와의 에피소드가 잘 기억나지 않거나 하는 경험을 하게 되는 것도 바로 해마를 비롯한 내측측두엽의 세포들이 젊을 때처럼 잘 기능하지 않기 때문이다. 특히 이 영역 세포들은 스트레스, 알코올 섭취 등에 매우 취약하므로 격무에 시달리는 현대인들은 점점 더 젊은 나이에 비슷한 증상을 겪을 수 있다. 아마도 추측하건대 절차적 학습과 기억 시스템을 사용하는 것처럼 잦은 빈도로 해마를 비롯한 내측측두엽의 영역들을 사용한다면 기억의 노화를 늦출 수 있지 않을까 한다. 그러기 위해서는 친구들도 많이 만나고 열심히 학습하고 기억하는 일을 나이가 들더라도 적극적으로 해야 한다. 뇌를 계속 쓰는 것이 학습과 기억의 노화를 더디게 하는 최선의 방법이기 때문이다.

해마가 손상된 사람은 상상하기 어렵
다고 했는데, 상상력을 학습할 방법은
없는가?

당연히 있다. 우리 주변에 상상하는 능력을 학습
하고 이 능력을 전문적으로 발휘하는 사람들의 예
가 있지 않은가? 바로 소설을 쓰는 작가, 영화의
이야기를 만드는 시나리오 작가, 음악을 만들어
내는 작곡가 등이다. 창작의 영역에 있는 사람들
은 모두 상상력을 일반인 이상으로 발휘하는 법을
아주 잘 알고 있는 사람들이다. 이들의 뇌는 학습
을 통해 상상하는 방법을 전문적으로 배웠다고 볼
수 있다. 이미 학습했던 경험의 창의적 재조합이
상상력의 근원이라고 생각한다. 따라서 창작의
영역에서 상상의 나래를 펴는 사람들은 모두 경험
적 기억의 소중함을 너무도 잘 알고 있을 것이다.

　　학부모나 주변 사람들이 아이의 상상력을 길
러주려면 어떻게 해야 하는지 묻곤 한다. 이러한
질문에 대한 대답은 뇌의 작동 원리를 알면 너무

도 간단하다. 무조건 다양한 경험을 많이 하게 해서 창작의 재료를 뇌에 많이 만들어주면 된다. 기억이라는 재료가 많은 뇌는 무한한 종류의 요리를 할 수 있다. 특히 어린아이들에게는 상상이라는 인지 기능은 너무도 자연스러운 능력이다. 소꿉놀이하는 어린이들을 보면 분명 장난감 그릇들을 가지고 마치 그것들이 실제 그릇들인 것처럼 너무도 재밌게 놀고 있지 않은가? 인형 놀이도 마찬가지다. 따라서 상상력을 학습하는 방법이 있다기보다는 경험한 것을 다시 표현하는 훈련을 많이 하면 상상력은 저절로 늘게 될 것이다.

2부_____

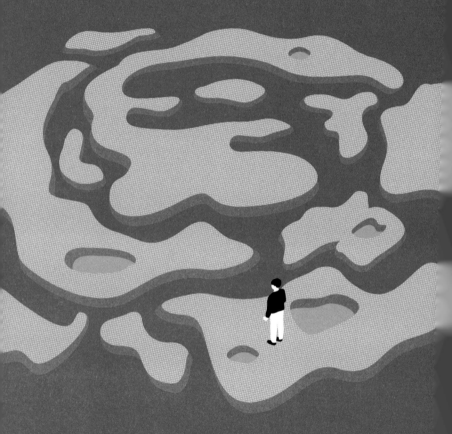

학습한
것은

기요이
된다

이 세상에서 학습해야 할 정보는 종류가 다양하므로 우리 뇌에는 종류별로 학습 및 기억을 관장하는 시스템이 따로 있다. 뇌세포들은 서로 긴밀하게 정보를 주고받으며 학습하고 기억하는 기능적 네트워크 혹은 신경망을 이루는데, 이 신경망의 위치와 기능 역시 학습의 종류에 따라 다르다.

뇌의 학습, 전기신호와 화학신호의 마술

뉴런, 신경회로와 신경망

1부에 이어서 2부에서는 학습한 것이 어떻게 뇌에 기억되는가에 대해 이야기해보겠다. 솔직히 말하면 이 부분은 밝혀진 것도 많지만 아직 과학적으로 밝혀지지 않은 것이 훨씬 많다. 지금까지 뇌인지과학을 통해 밝혀진 것 중에 독자들이 알면 좋을 만한 내용을 소개해보도록 하겠다.

생명체의 몸을 구성하는 가장 기본적인 단위는 무엇일까? 바로 세포다. 뇌 역시 세포로 구성되어 있다. 우리 몸을 구성하는 세포들은 자신들의 기능에 최적화된 방향으로 진화해왔다. 심장을 구성하는 세포들이 쉬지 않고 자동으로 끊임없이 심장을 펌프질하여 피를 몸 전체로 순환시키는 기능을 가장 잘 수행하도록 진화한 것처럼 말이다. 뇌세포 역시 뇌라는 특수한 환경 속에서 주어진 기능을 가장 잘 발휘할 수 있도록 진화되었다. 그런데 뇌세포는 다른 장기의 세포들과 상당히 모양도 다르고 기능도 달라서 뇌세포라고 부르지 않고 뉴런^{neuron}이라고 부른다. 영어 접두어인 'neuro-'가 붙으면 뇌와 관련되어 있다는 이야기다. 뉴런을 우리말로 신경세포라고 부르기도 하는데 이 책에서는 편의상 뉴런이라고 부르도록 하겠다. 뇌인지과학의 미스터리는 궁극적으로 이러한 물질적 존재인 뉴런들이 어떻게 우리의 정신작용 혹은 인지라는 신비한 기능을 만들어내는가다. 철학과 인문학에서 논의되던 문제가 이제 과학의 영역에 던져진 것이다.

그 내용을 이야기하기 전에 몇 가지 설명하고 넘어가자. 다음의 그림에 보이는 것은 뇌다. 그 안에 그물 같은 것이 그려져 있는데, 그물을 이루고 있는 동그란 원 하나를 하나의 뇌세포 즉 뉴런이라고 가정해보자. 서로 다른 기능을 하는 뉴런들을 기능에 따라 명암으로 구분해보았다. 기능이 아니라 뉴런의 생김새에 따라 명암을 부여했다고 생각해도 좋다. 그런데 서로 다른 뉴런들이 선으로 연결되어 있

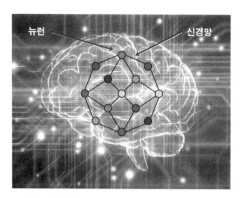

신경회로와 신경망

다. 흡사 우리가 스마트폰을 쓰기 위해 꼭 필요한 이동통신
망을 이야기할 때 등장하는 그물처럼 생긴 통신망 혹은 통
신 네트워크network처럼 보인다. 이렇게 서로 물리적으로 연
결되어 같이 일하는 뉴런들의 통신망을 '신경망neural network'
이라고 부른다.

통신망과 신경망은 정보를 교환하기 위해 만들어진 네
트워크라는 점에서는 공통점이 있다. 그러나, 이 둘 사이에
는 큰 차이점이 있다. 통신망에서 연결을 담당하는 전선들
은 물리적으로 직접 연결되어야 정보를 전달할 수 있다. 통
신망뿐 아니라 대부분의 전자기기를 구성하는 부품들은 전

선을 통해 직접 물리적으로 접촉해야 정보의 전달이 가능하다. 그런데 뇌에서 서로 다른 뉴런들은 물리적으로 접촉하지 않는다. 물리적으로 접촉하지 않는데 어떻게 신호를 전달하는가? 그 비결은 바로 '시냅스synapse'에서 전기신호를 화학신호로 변화시켜 전달하는 데 있다. 시냅스에 대해서는 뒤에서 곧 설명할 예정이다. 여기서 중요한 것은 뇌는 기본적으로 뉴런이라는 세포로 구성되어 있고 이 세포들이 이루는 네트워크를 신경망이라고 부른다는 점이다.

간혹 뇌와 관련된 책을 읽거나 강연을 들으면 신경망이라는 말 대신 '신경회로neural circuit'라는 용어를 접하기도 한다. 통상적으로 신경회로라고 하면 몇 개의 뉴런이 연결된 단순한 회로를 지칭한다. 이에 비해 신경망이라는 용어는 상당히 많은 수의 뉴런들이 구성하는 상대적으로 큰 규모의 네트워크를 지칭할 때 많이 쓰인다. 통신망의 예를 통해 이해하자면, 신경회로는 집 안의 와이파이 통신망 정도로 볼 수 있고 신경망이라고 하면 그보다 훨씬 넓은 범위에서 통신을 가능하게 하는 통신사의 5G 통신망을 이야기한다고 생각하면 이해가 빠를 듯하다. 앞에서 예로 든 해마의 경우, 해마의 신경회로를 이야기할 때는 해마 내부의 국소적인 부분에 존재하는 뉴런들 사이의 연결된 회로를 지칭할 때가 많고, 해마 신경망이라고 할 때는 해마를 구성하는 모든 뉴런과 이 뉴런들과 구조적이고 기능적으로 연결을 맺고 있는 해마 밖의 다른 뉴런들까지도 포함하는 거대한 네트워크를 지칭할 때가 많다.

뉴런, 팔로워 1만 명의 SNS 사용자

뇌를 구성하고 있는 뉴런들은 주된 기능에 따라 매우 다양한 모양을 띠고 있다. 다음의 그림에 나와 있는 뉴런들은 잘 보면 나무 묘목이나 도라지처럼 보인다. 우리가 학교에서 생물 시간에 배웠던 동그랗게 생긴 일반 세포와 비교해 보면 사실 괴상하게 생겼다. '저게 세포 맞아?' 하고 생각할 수도 있다. 하지만, 뉴런도 일반적인 세포가 가진 필수적 구성요소를 다 갖추고 있다. 그림을 다시 보면, 뉴런의 가운데 부분에는 핵이 들어 있는 세포체$^{cell\ body}$가 있다. 세포체 위로 보면 나무처럼 위로 뻗은 가지가 있는데, 이를 수상돌기^{dendrite}라고 한다. 다른 뉴런으로부터 정보를 받는 안테나라고 생각하면 된다. 세포체에서 뻗어 나온 가지 중 축색돌기^{axon}라고 부르는 가지는 다른 뇌세포에 정보를 전달

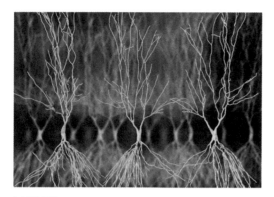

뉴런의 모양

하는 역할을 한다.

우리 뇌에는 거의 850~860억 개의 뉴런이 있다고 한다. 거의 1000억 개다. 그림에는 세 개의 뉴런이 앞에 제시되어 있다. 세 개의 뉴런 중 특히 오른쪽의 두 뉴런은 마치 나무의 뿌리에 해당하는 밑 쪽의 가지가 서로 맞닿은 것처럼 보이는 부분이 있다. 가지가 맞닿아 있는 것처럼 보이는 두 뉴런은 이 부분을 통해 서로 정보를 주고받을 수 있다. 이 맞닿은 것처럼 보이는 부분을 시냅스라고 부르는데, 사실은 물리적으로 서로 접촉하고 있지 않고 매우 좁은 간격을 두고 서로 떨어져 있다. 우리 눈으로는 도저히 볼 수 없는 정도의 거리를 두고 떨어져 있지만, 전자현미경(엄청난 배율로 사물을 확대할 수 있는 특수한 현미경)으로 보면 분명 두 뉴런 사이에는 틈이 존재한다. 앞서 말한 바와 같이 이 시냅스라는 공간에서 학습과 기억을 비롯하여 뉴런의 활동에 필요한 다양한 종류의 정보교환이 일어난다.

우리 뇌의 뉴런 한 개는 약 1000~1만 개의 시냅스를 맺고 있다고 추정된다. 즉, 1000개에서 1만 개까지의 세포와 접촉하고 있다고 보아도 될 듯하다. 엄청나게 복잡한 통신망을 구성하고 있다. 이를 쉽게 이해하려면 페이스북이나 카카오톡 등과 같은 소셜네트워크서비스[SNS]를 떠올려보자. SNS에서 '나는 팔로워가 몇 명이야'라는 말을 흔히 한다. 그 말은 자신이 몇 명과 네트워크로 연결되어 있는지를 표현한다. '팔로워가 5만 명이다'는 말은 '전 세계 5만 명과 연결되어 있다'는 이야기다. 처음 시작한 사람은 소수의 몇 명만 연결되어 있겠지만 활동을 많이 하면서 점점 많은 사람의 계정과 연결되면 팔로워가 늘어간다. 뇌세포를 이처럼 SNS상의 개인에 비유하면 이해가 쉬울 것 같다. 우리 사회의 모든 구성원이 각각 1000~1만 개의 팔로워와 연결되어 있다고 생각하면, 그 사회의 구성원들 전체가 이루는 네트워크의 복잡도는 엄청날 것이다. 게다가 뇌에는 약 1000억 개의 뉴런이 있다고 추정되니 우리가 짐작하기 어려운 복잡성일 것이다. 그래서 뇌의 복잡성을 우주에 비유하는지도 모르겠다. 이처럼 복잡하게 연결된 신경망에서 어떻게 정보처리가 이뤄지기에 우리가 새로운 것을 학습하는 것일까? 현대 과학은 아직 정확히 알지 못한다.

시냅스, 학습의 최소 단위

시냅스가 학습에 얼마나 중요한지 알아보자. 다음의 그림에서 시냅스를 더 잘 설명할 수 있을 것 같다. 앞에서 축색돌기에 대해서 설명을 했는데 축색돌기의 터미널terminal이라고 부르는 말단부는 마치 말굽 모양으로 생겼다. 그림의 위쪽에 특정 뉴런에서 뻗어 나온 축색돌기의 터미널이 보이고 이 축색돌기의 터미널과 약간의 간격을 두고 다른 뉴런의 수상돌기에 달린 가시와 같은 스파인spine이라는 구조가 보인다. 이 그림에서는 편의상 축색돌기의 터미널과 수상돌기의 스파인이 비슷하게 그려져 있으나 실제로는 그렇지 않은 경우가 더 많다. 축색돌기의 터미널은 신경전달물질neurotransmitter이라고 부르는 화학물질을 담고 있는 주머

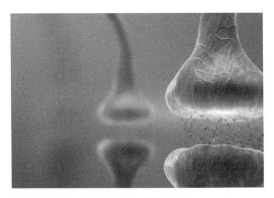

두 개의 신경세포 가지 사이에 있는 시냅스 ©shutterstock

니vesicle들이 많이 있어 볼록하게 보인다. 수상돌기 스파인도 축색돌기에서 분비되는 신경전달물질(그림 속 작은 원형 물질들)을 최대한 잘 받기 위해 넓적한 표면 모양을 하고 있다. 이 둘 사이의 공간은 물론 뇌척수액 혹은 CSFcerebrospinal fluid라고 불리는 바닷물 성분 비슷한 액체로 가득하다고 상상하면 되겠다. 따라서 액체를 사이에 두고 화학물질을 분비하면 반대편에서는 이를 잘 받아야 하므로 당연히 시냅스의 간격은 매우 좁아야만 한다. 그렇지 않으면 신경전달물질을 다 옆으로 흘려버리고 실제로 전달되는 양은 많지 않을 것이고 뉴런 간의 신호전달은 원활하지 못하게 될 것이다. 수영장에서 친구와 물속에 잠수해서 야구공을 던진 다고 생각해보라. 친구가 매우 가까이 있지 않으면 열심히 던져도 물속에서 야구공을 친구에게 제대로 전달하기 어려울 것이다.

그림을 잘 보면 축색돌기의 터미널이 마치 폭탄이 터진 것처럼 밝게 빛나고 있다. 이것은 수상돌기 터미널에서 신경전달물질이 분비되기 위해서는 전기신호가 축색돌기를 타고 터미널까지 전달되어야 한다는 것을 표현한 것이다. 즉, 뉴런은 전기와 화학물질을 동시에 정보처리에 이용한다고 볼 수 있다. 전기는 화학물질이 액체 속으로 분비되어서 전달되는 것보다 훨씬 빠르다. 그래서 한 뉴런이 신호를 전달하기 위해 자신의 축색돌기 터미널에 명령을 전달하려면 거기까지는 전기신호를 쓰는 게 빠르다. 그러면 뉴런들 사이는 왜 빠른 전기신호가 아니라 굳이 액체 속에서 시냅스라는 공간을 통해 화학물질인 신경전달물질 분비를 주고받으며 서로 의사소통을 할까? 이것은 아직도 미스터리로 남아 있는 문제다. 전기신호는 빠르긴 한데 중간에 다양하게 조절하기가 어렵다. 뇌에서 이렇게 시냅스가 없이 직접적으로 전기신호를 주고받을 수 있는 구조가 있기는 하지만 이런 경우 대부분 중간 조절 과정이 별로 필요 없고 오직 정보전달의 속도만 중요한 경우가 대부분이다. 바깥 세상의 변화무쌍한 환경과 자극에 따라 자신이 학습한 기억 속의 내용을 계속 업데이트하고 조절해야 하는 뇌의 숙명 때문에 아마도 뇌는 정보처리의 최소 단위인 뉴런 간의 신호전달 과정의 중간 마디마디에 조절을 위한 장치를 심어놓은 것인지도 모르겠다. 변화에 대비할 수 있는 여지를 남겨놓은 것이 아닐까?

뉴런들은 뇌척수액이라는 바닷속에 있는 작은 생명체들과 같다. 한 가지 재미있는 점은 우리는 뇌척수액 덕분에 1.5킬로그램 정도 무게가 나가는 뇌를 그리 힘들이지 않고 머리에 짊어지고 다닐 수 있다는 사실이다. 1.5킬로그램은 요즘 출시되는 보통의 노트북 컴퓨터 무게다. 노트북 컴퓨터를 온종일 머리에 붙이고 다닌다고 생각해보라. 상당히 무거울 것이다. 하지만 우리의 뇌는 뇌척수액이라는 액체 위에 떠 있으므로 더 가볍게 느껴지고, 또 외부 충격이 있어도 뇌척수액이 완충재 역할을 하기에 어느 정도 보호를 받는다. 격투기 선수나 미식축구 선수들처럼 머리를 세게 부딪히는 경우 뇌세포가 두개골 안쪽에 세게 부딪히며 충격을 받고 손상을 입는 것은 뇌척수액도 보호할 수 없는 극단적인 경우이지만, 대부분의 정상 생활 범위에서 일어나는 가벼운 충격은 잘 흡수하여 뇌를 보호하는 것이 뇌척수액이다. 뇌척수액의 성분이 바닷물과 비슷하다고 했는데 나트륨 이온이 풍부하게 포함되어 있기 때문이다. 진화론자들은 인류의 조상이 바다에서 육지로 올라오면서 적응했기 때문이라고 생각하기도 한다.

어쨌든 뇌척수액 속의 뉴런들 사이의 시냅스라는 공간에서 일어나는 갖가지 신호전달과 조절을 통해 우리 뇌는 다양한 학습을 효율적으로 할 수 있다. 각각의 시냅스는 학습 시 일어난 신경전달물질 분비 패턴과 처리 패턴을 시냅스 수준, 세포 수준에서 '기억'하므로 아주 작은 단위에서 보면 시냅스는 학습이 일어나는 최소의 단위라고 볼 수 있다. 약 20~40나노미터(1나노미터는 1밀리미터의 10만분의 1이다)의 정말 작은 시냅스라는 틈을 두고 이 틈에 여러 가지 신경전달물질을 분비하여 뉴런의 정보처리를 조절함으로써 뇌의 학습은 이루어진다.

액체 속에서 화학물질을 분비하는 것이므로 완벽하게 전달되는 경우보다는 확률적으로 잘 전달될 때도 있고 잘 전달되지 않을 때도 있을 것이다. 시냅스에서의 신호전달은 전기신호만을 사용하는 컴퓨터에 비해 신호전달 과정을 조절할 수 있는 가능성이 더 많다는 장점이 있는 반면, 문제가 생길 확률도 더 많은 숙명을 안고 있다. 신경전달물질의 분비가 과다하거나 부족하게 되면 문제가 생길 수 있다. 또, 특정 신경전달물질이 분비되어야 하는데 다른 신경전달물질이 분비된다거나 분비된 신경전달물질이 온전히 상대편 뉴런에 전달되지 못하고 중간에 소멸된다거나 하는 여러 가지 변수가 생길 수 있다. 인간의 자연지능이 컴퓨터의 인공지능에 비해 가지고 있는 구조적인 큰 차이점이다. 컴퓨터를 뜯어 안을 들여다보면 부품들이 전부 케이블로 연결되어 있다. 케이블 중 어딘가 끊겨 있으면 신호전달도 되지 않는다. 하지만 뇌는 그렇지 않다. 시냅스에서 뉴런 사이가 떨어져 있으므로 컴퓨터의 전선으로 비유하면 전선이 다 끊겨 있는 것과 마찬가지다. 인간을 비롯한 동물의 뇌는 '조절'과 '변화'를 위해서 이런 구조를 택한 셈이다.

따라서 시냅스는 뇌가 변화하고 싶다면 변화를 처음 만들어낼 수 있는 '기회의 장소'이다. 여러분이 갑자기 무언가를 학습하고 싶다면, 그 변화는 시냅스에서 먼저 일어나야 한다. 시냅스에서 변화가 일어난다고 해서 모두 기억되는 것은 아니다. 어떤 변화는 그냥 다시 원상태로 돌아가는 경우도 있다. 하지만 시냅스에서 일어나는 어떤 변화는 굉장히 오래도록, 길게는 평생 기억될 수 있다. 이를 시냅스가 '강화potentiation'된다고 하는데, 강화된 시냅스에서 일어나는 신호전달의 패턴이 금방 사라지지 않고 매우 오랫동안 남아 있으면 그만큼 학습한 내용이 기억에 오랫동안 남아 있을 가능성이 크다는 것을 의미한다. 따라서, 학습을 통해 뇌가 바뀌고 행동이 바뀐다는 것은 필연적으로 시냅스 수준에서 돌이킬 수 없는 변화가 일어나는 것을 이야기한다고 보면 된다.

내 머릿속의
거대한 학습 시스템

기억, 뉴런들의 흥분 패턴 응고시키기

시냅스에서 일어난 평소보다 더 활발한 활동이 금방 사라지지 않고 오랫동안 지속되는 현상을 시냅스의 강화라고 부른다고 앞에서 설명했다. 강화는 쉽게 말하면 시냅스가 자극을 받은 후 흥분된 상태를 말한다. 이 흥분된 상태가 어느 정도 지속되는지에 따라 짧게 지속되면 단기강화short-term potentiation라고 부르고 몇 시간 이상 아주 오래 지속되면 장기강화long-term potentiation라고 부른다. 학습은 뉴런들 사이의 소통이 시냅스를 통해 일어나면서 그 시냅스의 흥분된 상태가 지속되어야만 뇌에 '새겨지는' 것이다. 수많은 시냅스 중에서 특정한 정보를 받은 시냅스는 그렇지 못한 시냅

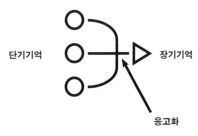

단기기억　　　　　　　장기기억

응고화

기억의 보존

스보다 더 흥분하게 될 것이고, 이들 시냅스는 정보를 받지 못한 시냅스들보다 강화될 것이다. 학습을 통해 특정 경험을 하면서 흥분된 상태의 시냅스는 다시 그런 경험을 하게 되어 같은 정보를 받게 되면 해당 경험 이전에 비해서 평소보다 더 흥분하게 된다. 뉴런이 같은 자극에 대해서 학습이 이뤄지기 전과 후에 다르게 반응하는 것이다.

　그렇다면, '강화된 시냅스의 지속되는 흥분이 언젠가는 꺼지지 않을까?'라는 질문을 하게 된다. 시냅스의 흥분이 가라앉으면 기억도 없어지는가? 만약 시냅스에 야기된 흥분이 무언가 영원히 사라지지 않는 매체에 기록되지 않는다면 당연히 일정 시간이 지나면 기억 속에서 사라질 것이다. 컴퓨터의 RAM 메모리에 저장해두었던 정보가 컴퓨터를 껐다 켜면 모두 없어지듯이 말이다. 뇌인지과학의 오랜 미스터리 중 하나는 뉴런이 어떻게 흥분된 시냅스들의 패턴을 영원히 기억하는가이다. 이 문제를 연구하기 위해 심리학이나 뇌인지과학과 같이 인지를 연구하는 학문 분야에서는 그림처럼 오랫동안 단기기억short-term memory과 장기기억long-term memory이라는 단어가 쓰여 왔다. 단기기억은 그야말로 잠깐 기억 속에 머물렀다가 사라지는 기억을 말하고 장기기억은 아주 오랫동안 저장되는 기억을 말한다. 단기기억에 머무르던 기억의 콘텐츠는 '응고화consolidation'라는 과정을 거치면 장기기억으로 전환된다는 것이 오랫동안 통용되고 있는 이론이다. 단기기억과 장기기억의 경계가 정확히 어디인지는 사실 애매하다. 그보다 중요한 것은 시냅스와 신경망을 구성하는 뉴런들이 흥분된 패턴을 어떻게 유지하는지에 대한 비밀이 풀린다면 이러한 단기기억과 장기기억 개념 역시 더 과학적으로 이해하게 된다는 것이다.

학습한 모든 것을 다 평생 기억하면 될 것 같은데 왜 단기기억과 장기기억이 존재하는 것일까? 우리의 뇌가 무한한 에너지를 끌어다 쓸 수 있다면, 즉 지금의 슈퍼컴퓨터에 탑재된 인공지능처럼 작동한다면 그렇게 하면 된다. 모든 것을 다 저장하고 있다가 필요할 때, 지금의 컴퓨터처럼 빛의 속도로 꺼내서 쓰면 된다. 하지만 뇌가 그렇게 하지 않는 이유는 그런 방식으로는 자연계에서 생존할 수 없기 때문이다. 슈퍼컴퓨터는 돌아다닐 필요가 없고 쾌적한 서버실에서 무한한 전기를 쓰면서 정보를 처리하면 그만이다. 하지만 인간을 비롯한 동물은 생존을 위해 돌아다니며 위험을 피하고 이로운 것을 취해 계속 사투를 벌여야 한다. 따라서 평생 쓰지 않을 기억까지 다 저장하고 다니면서 정보처리의 효율을 떨어뜨리는 것은 바로 삶과 죽음의 경계에서 생존의 확률을 떨어뜨릴 것이다. 쓰지 않는 것은 버려야 하고 자주 쓰는 것은 더 잘 간직해야 하는 선택을 매 순간 해야 하는 숙명을 타고난 것이다. 생명체의 정보처리와 저장은 에너지를 소모하고 이 에너지를 무리하게 충당하다가 생을 마감할 수도 있는 위험에 놓일 수도 있기 때문이다.

이 선택의 순간 버려질 것인가 기억될 것인가를 응고화 과정이 결정한다는 것이 뇌인지과학 분야에서 유력한 가설이다. 응고화의 영어 단어 consolidation은 여기저기 흩

어져 있는 것을 정리하고 하나로 통합해서 처리하고 보관한다는 뜻이다. 우리말로 응고된다고 하면 굳어서 딱딱해진다는 의미도 포함한다. 수많은 시냅스와 뉴런의 활성패턴이 처음 신경망에 기록될 때는 자세히 정보를 기억하는 것도 중요하지만 순간적으로 벌어지는 자극을 부여잡아야 하는 관계로 좀 지저분하게 보이는 패턴일 수 있다. 응고화 과정은 이 지저분한 패턴을 오래 기억할 수 있게 간결화하고 핵심만 추리는 과정이라고 볼 수 있다. 아직 완벽하게 이해하지는 못하고 있지만 적어도 세포 내의 여러 단백질과 이들 단백질과 연관된 유전자 수준까지 모두 여러 수준의 변화가 종합적으로 일어나야 응고화가 제대로 일어난다고 보고 있다. 또, 개별 세포 수준에 국한된 것이 아니라 신경망 전체, 즉 '시스템system' 수준에도 변화가 일어나야 하는데[10] 정확히 어떤 변화가 어떻게 일어나야 장기기억으로 변환되는지는 현대 뇌인지과학에서 여전히 미스터리로 남아 있다. 이 밖에도 응고화가 시도 때도 없이 항상 일어나는 것인지 아니면 수면과 같이 활동하지 않을 때만 일어나는 것인지 등 아직은 과학적으로 모르는 것이 너무도 많다.[11]

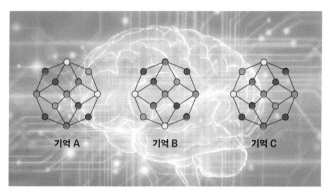

뇌 신경망의 활성패턴에 따른 기억의 내용

신경망 바둑판 위의 다양한 기억

뇌의 신경망에 서로 다른 기억이 어떻게 저장되는지 살펴
보자. 위의 그림에는 가상의 뉴런들의 연결로 구성된 신경
망 세 개가 보인다. 이 세 개의 신경망은 같은 하나의 신경
망에 서로 다른 세 개의 기억이 저장된 패턴을 나타낸 것
이다. 신경망의 뉴런들이 서로 다른 색을 띠고 있는 이유
가 있다. 예를 들어, 특정 학습이 이루어질 때 빨간색 뉴런
은 다른 뉴런으로부터 더 강한 정보를 받아서 대부분의 시
냅스가 강화된 탓에 다른 뉴런에 비해 더 흥분된 상태이고,
초록색 뉴런은 빨간색 뉴런보다는 덜 흥분된 것이고, 분홍

색은 아예 흥분하지 않은 상태라고 가정하자. 이 신경망에 있는 뉴런들의 수많은 시냅스의 서로 다르게 흥분된 정도가 만드는 색깔의 패턴들은 마치 밤하늘의 수많은 별이 특정한 패턴을 이루며 반짝이는 것처럼 장관을 이룰 것이다.

현대 뇌인지과학에서는 신경망을 구성하는 수많은 뉴런이 보이는 특정한 활성패턴이 곧 특정한 기억에 대응된다고 가정한다. 뇌는 제한된 세포를 가지고 다양한 기억을 해야 하므로 제한된 신경망이라는 공간 내에서 뉴런 간의 시냅스들의 강약을 계속 조절하면서 서로 다른 기억을 독특한 패턴으로 만들어내는 방향으로 진화된 것 같다. 즉, 신경망의 활성패턴이 곧 기억이다. 〈매트릭스Matrix〉를 비롯한 공상과학 영화를 보면 이런 원리를 이용해서 신경망에 가상의 특정 패턴을 주입함으로써 사람의 뇌를 속이는 미래 세상이 나온다. 그림에서 A, B, C로 표현된 기억들은 서로 다른 기억이다. 예를 들면, 기억 A는 어제 친구와 만나서 밥을 먹었던 기억이라고 하자. 기억 A가 만드는 독특한 색깔의 신경망 활성패턴이 보인다. 기억 B는 어제 어머니와 옥수수를 쪄서 먹은 기억이다. 그렇게 보면, 기억 A와 기억 B가 똑같은 뉴런들로 구성된 같은 신경망 내에서 뉴런들의 흥분 패턴의 차이를 통해 '서로 다름'을 유지하며 저장되고 있다. 기억 C는 우리 집 강아지와 산책을 다녀와서 재미있었던 기억이라고 생각해보면, 똑같은 신경망을 가지고 뉴런들 및 시냅스들의 서로 다른 활성 강도가 그리는 패턴을 통해 벌써 하나의 신경망에 서로 다른 세 개의 기억을 간직하게 되었다.

뇌는 무한한 자원을 갖고 있지 않은 생명체의 일부이고 앞서 설명한 바와 같이 특정한 종류의 기억은 특정 영역에서만 처리가 되므로, 가능하면 제한된 신경망을 가장 효율적으로 쓰면서 여러 개의 기억을 저장하고 학습할 수 있어야 한다. 진화 과정에서의 생존을 위한 이러한 제약이 뇌 신경망의 기억 저장 방식을 만들어냈다고 볼 수도 있을 것이다. 대부분 뇌인지과학자들은 이처럼 신경망을 구성하는 뉴런들이 만들어내는 특정 활성화 패턴이 곧 특정 기억의 내용이 된다는 이론을 바탕으로 실험하고 연구한다. 이 이론이 맞다면 학습을 한 뒤 해당 기억을 다시 불러오기 위해서는 당연히 해당 신경망에서 자신이 인출하고자 하는 기억에 대응되는 신경망의 활성패턴을 다시 불러일으켜야만 한다. 마치 바둑판 위에 바둑을 두면 흰 돌과 검은 돌들이 거의 무한한 패턴을 만들어내고 전문가는 나중에 그 패턴의 모양을 그대로 복기해서 다시 만들어낼 수 있듯이, 하나의 신경망은 뉴런들의 활성패턴의 조합을 통해 매우 다양한 콘텐츠를 기억으로 저장하고 다시 불러낼 수 있다고 믿고 있다.

우리는 인공지능이 탑재된 고성능 컴퓨터가 엄청나게 방대한 자료를 기억해내고 학습하는 것에 놀라지만 사실은 그렇게까지 부러워할 필요는 없다. 앞서 말한 바와 같이 지금의 인공지능이 탑재된 고성능 컴퓨터는 전기 먹는 하마라고 봐도 될 정도로 자원을 비효율적으로 낭비하면서 성능을 내기에 높은 점수를 주기 어렵다. 즉, 지금의 인공지능은 많은 수의 컴퓨터가 병렬로 연결되어 많은 전기를 쓰면서 학습하고 이를 기억으로 저장하고 인출한다. 이세돌을 이겼던 알파고 역시 엄청난 에너지와 자원을 쓰면서 이세돌을 상대했다. 컴퓨터는 이세돌처럼 바둑을 두러 집에서 대국장으로 이동할 필요도 없고 대국이 끝나고 집에 갈 필요도 없다. 이동할 필요도 없고 잠을 잘 필요도 없고 오로지 바둑이라는 게임만을 위해 그 엄청난 자원을 쓴 알파고를 상대로 1.5킬로그램 정도의 무게를 가진 인간의 뇌 하나가 홀로 그토록 선전했다는 것 자체를 오히려 경이롭게 여겨야 한다.

뇌의 지역 특색, 다중기억시스템 이론

1부에서 기억에도 여러 종류가 있다고 이야기했다. 기억의 종류에 따라 뇌의 서로 다른 영역이 정보를 처리한다는 다중기억시스템 이론에 대해 더 살펴보도록 하자. 지금까지 우리는 뉴런이라는 뇌세포와 이 뉴런들로 구성된 네트워크인 신경망에서 기억이 저장되는 학습의 원리를 알아보았다. 다중기억시스템 이론에 의하면, 앞의 그림에 나왔던 신경망이 뇌의 어느 부위에 있는지에 따라 해당 신경망에서 학습되고 기억되는 정보의 종류가 다르다. 비유하자면 우리나라의 지역 중 경상도, 전라도, 강원도 등 어느 지역인지에 따라 말의 억양과 지형, 특산물이 다른 것과 비슷하다. 강원도 하면 산과 동해를 떠올리고, 전라도와 경상도는 사투리의 확연한 차이로 지역을 구분할 수 있듯이 뇌의 학습과 기억을 담당하는 영역들도 나름의 지역 특색을 갖추고 있다.

다중기억시스템이라고 했는데 '시스템'이란 무엇일까?

시스템이란 하나의 공통된 목적을 완수하기 위해서 여러 개의 요소가 모여 거대한 틀이나 조직을 이루고 있는 것을 지칭한다. 이 정의에 비춰보면 회사, 국가, 학교 이 모든 조직은 시스템이라고 볼 수 있다. 특정 회사는 최고 경영자가 있고 그 밑으로 특정 업무를 위해 특화된 여러 부서가 있고, 해당 부서들이 상호작용을 하며 회사의 공동 목적을 이뤄나간다. 이것이 시스템이다. 회사에 비유하자면 뇌라는 거대한 시스템의 공통된 최종 목표는 환경의 변화에 적응하고 생존하는 것이다. 이를 위해 학습하고 기억하는데, 회사 내에 여러 부서가 있듯이 특정한 종류의 학습과 기억에 특화된 영역들이 뇌에도 존재한다. 이들 뇌 속의 특정 영역들은 서로 긴밀히 소통하며 공동의 목적을 달성한다.

행동으로 확인하는 기억, 절차적 기억

절차적 기억에 대해서는 1부에서 이미 설명한 바 있다. 여기서는 절차적 기억을 담당하는 뇌의 영역들에 대해서 간략하게 소개하고자 한다. 앞에서 말한 내용을 잠깐 정리해보자. 우선, 다중기억시스템 이론에 따르면 뇌의 학습과 기억 시스템을 크게 두 종류로 나누면 절차적 기억을 담당하고 있는 시스템과 서술적 기억declarative memory을 담당하는 시스템으로 나눌 수 있다. 이 두 하위 시스템을 나누는 가장 큰 기준은 학습되고 기억되는 정보의 내용에 내가 의식적으로 접근할 수 있는지 여부이다. 의식적으로 접근할 수 있다는 말은 기억된 내용을 언어로 표현할 수 있다는 뜻이며, 이런 종류의 기억을 말 혹은 언어로 서술할 수 있다고 해서 서술적 기억이라고 부른다. 기억하고 있는 내용을 말로 표현할 수 없으면 무의식적으로만 접근할 수 있는 것이며, 오로지 행동을 통해서만 내가 해당 기억을 갖고 있음을 보일 수 있다. 이런 종류의 기억을 절차적 기억이라고 한다.

1부에서 절차적 학습과 기억의 예로 운동을 배우거나 악기를 배우는 것처럼 자신의 몸의 특정한 근육들을 특정한 순서로 세세하게 움직이는 것을 학습한 예를 들었다. 하지만 절차적 학습과 기억은 꼭 이런 근육 움직임을 동반하는 기술적 학습에만 국한되는 것은 아니다. 다른 예를 들어보겠다. 집에서 새로운 회사에 가는 날이라고 하자. 우리집이 잠실에 있다면, 잠실에서 여의도에 있는 새로운 회사로 출근해야 한다. 한 번도 가본 적 없는 곳이라면 처음에는 꽤 길을 헤매게 된다. 지하철을 잘못 타기도 하고, 출구를 잘못 나와서 다시 길을 건너는 등 조금 헤맬 것이다. 초행길은 늘 이렇다. 길을 잃어버릴까 봐 신경을 곤두세우고 집중을 하면서 길을 찾느라 목적지에 도착하면 아주 피곤했던 경험을 다들 갖고 있을 것이다. 특히 낯선 여행지에서도 많이 겪는 일이다. 그러나 막상 한 달, 두 달, 1년, 10년 이렇게 같은 길을 반복해서 다니다 보면 나중에는 길을 찾아서 가고 있다는 것을 의식하지 못한 채로 딴생각을 하며 회사나 목적지까지 간다. 거의 무의식적으로 길을 찾는 것이다. 실제로 그 상황에서 누군가 "오다가 그거 못 보셨어요?" 하면 기억이 나지 않는다. 자신의 뇌가 분명 길거리의 자극들을 처리하며 길을 찾느라 공을 들인 덕분에 목적지에 무사히 왔을 텐데 정작 자신은 의식적으로 뇌에 있는 해당 정보에 접근할 수 없는 것이다. 왜냐하면 무의식적으로 정보처리를 하는 뇌 영역이 정보를 처리했기 때문이다. 이것도 절차적 학습과 기억의 예이다. 1부에서 설명한 바와 같이, 우리 뇌의 절차적 기억 시스템의 특징 중 하나는 정보처리 과정을 우리가 의식적으로 들여다볼 수 없다는 것이다. 즉 무의식적으로 학습되고, 학습했던 상황에 다시 놓이게 되면 나도 모르게 무의식적으로 기억이 작동한다.

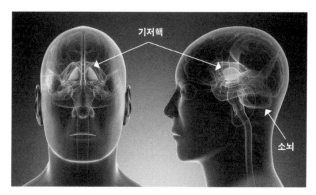

절차적 기억 시스템을 담당하는 뇌의 영역 ⓒdecade3d

절차적 학습과 기억을 담당하는 뇌의 시스템에 대해서 알아보자. 우선, 대표적인 뇌 영역으로는 위의 그림에 나온 것처럼 우리 뇌의 바닥, 즉 뇌의 기저에 있는 커다란 구조인 기저핵basal ganglia이 있다. 여러 뉴런이 모여서 하나의 그룹을 형성하고 있는 것을 신경절ganglion이라고 부르는데, 기저핵이라는 말의 의미는 뇌의 세포들이 밑바닥에 뭉쳐 있다는 뜻 정도로 이해하면 된다. 또, 우리 머리의 뒤통수 아래쪽에 위치한 소뇌cerebellum라는 구조 역시 절차적 기억의 형성과 인출에 중요한 신경망이다. 대개 기저핵과 소뇌를 비롯하여 몇 개의 신경망 영역들이 하나의 시스템처럼 유기적으로 작동하면서 무의식적 학습과 기억을 담당하고 있는 것으로 생각되고 있다. 서술적 기억은 기억의 주체가 의식적으로 어떤 정보나 콘텐츠가 기억에 저장되어 있는지 접근할 수 있고 말로 이를 설명할 수 있지만, 절차적 기억은 이것이 불가능하다는 점에서 서술적 기억과 대비된다.

늘 그렇듯이 우리는 어떤 뇌 영역의 존재의 고마움을 모르고 있다가 해당 영역이 고장 나서 불편을 겪게 되면 그 영역의 고마움을 알게 되는 경우가 많다. 기저핵은 우리 일상생활에서 마치 물 흐르듯 무의식적으로 일어나는 기억의 인출에 의존하는 행동들을 모두 가능하게 하는 매우 고마운 뇌 영역이다. 이 기저핵에 문제가 생기는 뇌질환이 바로 파킨슨병Parkinson's disease이다. 파킨슨병 환자에게 외현적으로 드러나는 가장 특징적인 증상은 부드럽게 움직이지 못하고 손이나 몸을 계속 떠는 것이다. 우리에게 친숙했던 교황 요한 바오로 2세나 권투 선수 무하마드 알리, 그리고 영화 〈백 투 더 퓨처Back To The Future〉로 잘 알려진 배우 마이클 제이 폭스Michael J. Fox 등의 유명 인사들도 파킨슨병이었다. 앞서 말한 바와 같이 파킨슨병에 걸리면 우리 몸의 근육들을 학습된 기억을 따라 순차적이고 물 흐르듯 부드럽게 움직이는 게 안 된다. 예를 들면, 보통 사람이 물컵을 집어 들어야 한다면 아주 부드럽게 물컵을 집기까지 일련의 행동을 순차적으로 하고, 물컵을 집은 후 이를 잡고 안정적으로 들고 있을 수 있다. 그런데 파킨슨병 환자가 같은 행동을 하면 마치 오작동하는 로봇처럼 상당히 불안하게 물컵을 집게 되고 손을 마구 떨게 되므로 안의 물이 밖으로 튀기 시작할 것이다. 즉, 행동이 부드럽게 되지 않는다.

최근 뇌인지과학 분야에서 발견된 놀라운 점은 파킨슨병에 걸린 환자들이 음악을 듣거나 춤을 출 때는 보통 사람처럼 부드럽게 움직이고 노래를 부르고 장단을 맞추는 일이 가능하다는 것이다.[12] 신기하게도 음악이 멈추면 다시 뚝뚝 끊기는 행동이 나타난다. 정확한 기전은 더 연구해봐야 하겠지만 파킨슨병을 앓고 있는 사람들에게는 희망적인 뉴스가 아닐 수 없다.

잃어버린 시간을 찾아서, 서술적 기억

절차적 기억을 담당하는 우리 뇌의 학습 시스템은 우리가 무의식적으로 물건을 집고 문을 열고 버스를 타는 등 일상 속에서 물 흐르듯 끊김이 없이 자연스럽게 행동이 이어지게 만드는 아주 중요한 기억 시스템이다. 무의식이고 자동적이어서 사실 작동하고 있는지조차 모르지만, 이 시스템에 고장이 나면 즉각적으로 알 수 있을 만큼 필수적이다.

절차적 기억 시스템에 대비되는 또 한 가지 큰 학습과 기억 시스템은 바로 서술적 기억 시스템이다. '서술적'이라는 표현이 마치 언어를 이용해서 글을 쓴다는 의미로 들릴 수도 있지만, 영어의 'declare'를 번역한 용어이다. 이 영어 단어는 원래 무언가를 '선언'한다는 의미이기 때문에 서술적이라고 번역하는 게 좀 이상할 수도 있다. 선언한다는 것은 다른 사람들 모두가 알 수 있도록 말이나 글로 무언가를 알린다는 뜻이므로 서술적이라고 번역하건 선언적이라고 번역하건 공통된 점은 학습되어 저장된 기억의 내용을 언어를 사용해서 의식적으로 남에게 말해줄 수 있다는 점이다.

1부에서 이야기한 기억 중 일화기억, 재인, 회상은 모두 서술적 기억의 예이다. 서술적 기억 시스템은 무의식적으로 작용하는 절차적 기억과는 아주 다르다. 왜냐하면 기억의 내용을 언어로 표현할 수 있고, 이때 자신이 의식적으로 과거의 학습 장면을 떠올리고 있다는 것을 느낄 수 있기 때문이다. 1부에서 영화 〈메멘토〉를 예로 들며 간략히 설명했던 일화기억은 서술적 기억 시스템의 핵심이다. 일화기억이라고 할 때 일화逸話란 '세상에 알려지지 않은 숨겨진 이야기'라는 뜻이지만 영어 단어 episode를 번역한 것이다. 에피소드란 마치 매주 방영하는 드라마처럼 어떤 사건들이 꼬리를 물고 순차적으로 일어나는 사건의 흐름을 말한다. 일화기억을 사건이 벌어진 순서에 따라 순차적으로 이야기하는 것이 '회상'이라고 1부에서 설명한 바 있다. 영화나 드라마에서 교통사고의 현장에 있던 목격자에게 "당시 사고가 어떻게 발생했죠?"라고 물어보면, 목격자는 "아, 제가 여기를 걸어가고 있는데 차가 서로 부딪쳐 우당탕하는 소리가 났는데, 그때 차에서 남자분이 내려서 나오고…" 하며 자신의 뇌가 학습한 내용을 기억 속에 저장된 사건 발생 순서에 따라 차근차근 이야기한다. 신기한 것은 우리 뇌의 서술적 기억 시스템은 사실 그렇게까지 자세하게 순식간에 일어나는 사건 정보를 기록하지 못했는데, 기억의 내용을 말로 하는 것을 보면 대단히 매끄럽고 자세하게 이야기한다는 것이다. 이는 인공지능에 비해 우리 뇌가 아주 잘하는 일 중 하나로 뒤에서 더 자세히 설명하도록 하겠다.

일화기억은 여러 가지 면에서 독특한 기억이다. 우리의 일상생활에 대한 기억을 저장하는 것이기 때문에 개인이 살아온 역사를 저장하고 있는 소중한 기억이기도 하다. 카페에서 친구를 만나거나 술 한잔하며 친구들과 수다를 떨 때 가장 많이 쓰는 기억이다. 예를 들어, 동창회를 하면 예전 학교 다닐 때 있었던 여러 가지 에피소드를 서로 이야기하며 즐거워한다. 이처럼 자신에게 일어난 일을 자동으로 학습하고 이를 저장한 뒤, 훗날 기억 속에서 특정 사건이 벌어진 시점으로 이동하여 그 시점부터 벌어진 일을 순차적으로 말할 수 있는 것이 바로 일화기억의 독특한 특성이다. 그리고 이 기능을 담당하는 뇌의 영역이 바로 해마이다.

일화기억을 떠올려보면 알겠지만 어떤 일화기억은 너무도 생생해서 마치 그때 그 장소에서 다시 그 사건을 경험하는 것과 같은 착각을 불러일으킬 정도로 또렷하다. 마르셀 프루스트Marcel Proust라는 프랑스 작가의 소설 『잃어버린 시간을 찾아서』에서 홍차와 마들렌 과자가 어린 시절의 기억을 떠올리게 만드는 사건은 바로 일화기억의 전형적인 인출 형태 중 하나이다. 즉 특정 시간대와 특정 장소에서 보았던 물건이나 사람을 훗날 다시 볼 경우 나만의 기억 속

과거로 돌아갈 수 있다. 마치 타임머신을 탄 것처럼 특정한 시공간으로 돌아갈 수 있을 뿐 아니라 그 시점부터 일어난 사건을 순차적으로 기억할 수 있는 것이 해마 신경망의 특징이다.

일화기억의 특징은 이처럼 특정 시간과 공간 속으로 이동하여 사건을 순차적으로 기억해내는 과정을 신기하게도 의식적으로 느낄 수 있다는 것이다. 즉 자신이 생생하게 다시 경험하고 있는 사건이 지금 벌어지고 있는 것이 아니라 내가 이미 경험했던 일을 기억 속에서 가상으로 재경험하고 있다는 사실을 안다는 것이다. 마치 과거의 나라는 인물 위에 현재의 나라는 인물이 전지적 시점에서 내려다보듯이 느낄 수 있다는 것이다. 엔델 툴빙Endel Tulving이라는 유명한 심리학자이자 철학자는 일화기억의 인출 시 관여하는 이러한 의식을 특별히 '자기인식적autonoetic' 의식이라고 불렀다.[13] 툴빙은 여기서 더 나아가서 이러한 자기인식적 의식은 사람의 뇌만이 갖는 능력이라고 말하면서, 사람 이외의 동물은 과거의 일들을 회상하고 그 기억을 바탕으로 선택과 행동을 할 수 있으나 사람의 뇌처럼 자기인식적 의식을 발휘할 수 없다고 주장한다. 그래서 동물은 과거의 기억을 꺼내서 회상하면서 '아, 내가 과거에 이랬었지'라고 느낄 수 없다고 했다. 툴빙의 주장이 맞는지는 여전히 논쟁 중이다. 인간의 뇌도 진화의 산물이라는 점을 생각할 때 어떻게 인간의 뇌가 갑자기 다른 동물에서 볼 수 없는 능력을 갖게 되었는지 주장하려면 툴빙의 설명보다는 훨씬 더 과학적인 근거 제시가 필요하다.

실험을 통해 사실을 입증하고자 하는 뇌인지과학자들은 툴빙처럼 추상적으로 뇌의 인지기능을 묘사하는 연구 방식을 그다지 좋아하지 않는다. 대표적으로 니키 클레이턴Nicky Clayton[14] 이라는 학자는 일화기억의 정의에 '의식'이라는 개념이 동원될 필요가 없다고 보고 '언제when', '어디서where', '무엇을what'이라는 세 가지 요소가 모두 들어 있는 기억은 일화기억으로 볼 수 있다고 주장했다. 클레이턴은 먹이를 찾으면 바로 먹지 않고 숨기는 새나 다람쥐 등의 동물들이 먹이의 종류('무엇'에 해당)와 그 먹이를 언제 어느 장소에 숨겼는지를 모두 기억하고 있음을 보임으로써 동물도 사람의 일화기억과 비슷한 종류의 기억을 가지고 있다는 것을 입증했다.[15]

클레이턴이 이를 입증한 실험은 꽤 재밌다. 클레이턴은

덤불어치scrub jay라는 종류의 새가 먹이를 발견하면 나중에 먹기 위해서 여기저기 숨기는 습성이 있다는 것을 발견하고 이를 이용한 실험을 했다. 덤불어치에게 땅콩을 주거나 살아 있는 벌레를 주고 얼음 얼리는 트레이에 모래를 채워 여기저기 놔두면 덤불어치는 먹이를 트레이의 특정 칸에 숨긴다. 그 후 다시 그 장소에 덤불어치를 들여보내는 경우, 만약 먹이를 숨긴 지 몇 시간밖에 안 지났다면 덤불어치는 일단 빨리 상할 수 있는 살아 있는 벌레가 묻혀 있는 장소로 가서 벌레를 우선적으로 찾아 먹는다고 한다. 땅콩은 '소비 기한'이 길기 때문이다. 하지만 벌레가 이미 상했을 시점인 24시간 이후에 해당 장소에 덤불어치를 들여보내면 이미 시간이 너무 많이 경과해 벌레는 상해서 먹지 못한다는 것을 알고 땅콩부터 찾아서 먹는다고 한다.

이 실험에서 덤불어치는 클레이턴이 정의한 일화기억의 3대 요소인 시간time, 공간place, 사물 혹은 개체object를 모두 기억할 수 있음을 보였다. 즉, 특정 물체(땅콩 혹은 벌레)가 언제 숨겨졌는지 그리고 어느 정도의 시간이 경과했는지에 대한 시간 정보와 그 물체를 어디에 숨겼는지에 대한 공간 정보를 모두 하나의 사건으로 기억하고 있다는 것이다.

이 덤불어치가 과연 툴빙이 주장하는 것처럼 자기인식적 의식이라는 것이 있을까? 덤불어치가 사람과 대화할 수 있다면 이를 물어볼 수 있겠지만 이는 불가능하다. 만에 하나 덤불어치가 인간의 언어로 이야기해준다고 한들 그것을 믿을 수 있는가? 우리 뇌의 인지과정은 무의식적인 부분이 많고 생각해서 알 수 없는 부분이 많이 있다. 이 점이 너무도 잘 알려진 현대 뇌인지과학에서 말을 통해 과학적 사실을 확인하는 것은 그다지 환영받지 못할 것이다. 객관적 실험의 영역에서 '의식'이라는 요소는 아직도 어떻게 다뤄야 할지 오리무중인 것이다. 하지만 인간에게만 논의를 국한한다면 확실히 절차적 기억보다 서술적 기억에 의식이라는 요소가 긴밀하게 관여하는 것은 맞는 듯하다.

그럼 일화기억 이외의 서술적 기억 유형 역시 해마에 의존적일까? 회상은 이미 일화기억과 연관 지어 설명했다. 재인은 어떨까? 앞에서 『잃어버린 시간을 찾아서』라는 책에 일화기억 요소가 있음을 설명했다. 그 시작은 마들렌이라는 과자를 알아보는 것이었다. 특정 사물의 존재를 알아보는 것을 재인이라고 부른다고 1부에서 설명했다. 일화기억의 학습과 인출은 해마가 없으면 불가능한 데 비해, 사물을 알아보는 재인 능력이 해마의 기능인지 아닌지는 지금까지도 학계에서 결론이 나지 않았다. 동물 실험의 결과만 놓고 보면 물체를 알아보는 능력은 해마를 꼭 필요로 하는 것 같지는 않고, 해마를 포함하고 있는 내측측두엽이라는 더 거대한 영역 내의 다른 신경망에 의존하고 있을 가능성이 크다고 알려져 있다. 예를 들면, 후각주위피질perirhinal cortex과 같은 영역이 이에 해당한다. 해마에 전적으로 의존하지는 않지만, 재인도 마찬가지로 의식적으로 기억의 내용에 접근하여 이를 말로 표현할 수 있으므로 서술적 기억에 속한다.

해마에 대해 계속 말하는 이유는 간단하다. 3부에서 훨씬 더 자세히 설명하겠지만, 뇌인지과학적 학습과 기억 연구의 역사를 볼 때 해마 연구는 우리 뇌에 서로 다른 종류의 기억이 있다는 것을 깨닫게 해줌으로써 현대 뇌인지과학의 출발 포인트를 제공했다. 즉, 해마가 제거된 환자 한 명에 대한 연구가 학계에 엄청난 지각변동을 가져온 것이다. 이전까지는 모든 학습과 기억은 그 유형에 관계없이 뇌의 모든 영역이 서로 십시일반 기능적으로 분업해서 가능하다는 이론이 지배적이었다.[16] 이런 이론에 따르면 해마와 같은 구조가 하나 없어졌다고 통째로 없어지는 기억이 있어서는 안 되며 모든 종류의 기억이 조금씩 잘 안되는 현상이 나와야 정상이다. 하지만 이러한 예상을 뒤엎고 해마의 존재는 일화기억과 공간기억이라는 매우 특정한 종류의 학습 및 기억 능력만을 손상시키고 절차적 학습과 기억은 거의 손상을 입히지 않았고,[17] 이는 당시 학계로서는 받아들이기 어려운 현상이었다. 이것이 기존 이론을 대체할 '다중기억시스템' 이론이 등장한 배경이다.[18]

뇌 속의 행정구역, 뇌 지도

다음의 그림은 뇌를 옆에서 본 것이다. 뇌의 세포를 뉴런이라고 부른다고 했는데 뉴런들이 서로 연결되어 신경회로를 이루고 이것이 더 커지면 신경망을 구성한다. 신경망이 더 복잡해지면 하나의 영역을 구축하게 되는데 이 영역 중 가장 큰 단위가 바로 '엽lobe'이다. 우리에게 익숙한 지도로 비유하자면 '엽'은 경기도, 전라도, 경상도 등을 지칭하는 행정구역상 '도'에 해당할 것 같다. '전두엽frontal lobe'은 이마쪽에 위치하고 있다. 전두엽은 주로 행동 선택과 의사결정, 계획 세우기 등 우리 뇌의 고등인지 기능 중 전략적으로 움

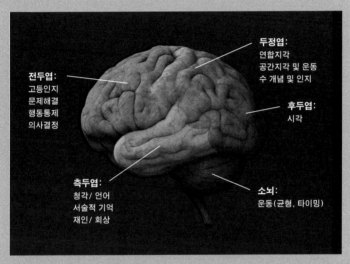

두정엽:
연합지각
공간지각 및 운동
수 개념 및 인지

전두엽:
고등인지
문제해결
행동통제
의사결정

후두엽:
시각

측두엽:
청각/ 언어
서술적 기억
재인/ 회상

소뇌:
운동(균형, 타이밍)

뇌 표면의 주요 영역과 기능 ⓒmadrock24

직여야 할 때 필요한 기능의 발휘에 매우 중요하다. 전두엽 바로 뒤쪽에 있는 것은 '두정엽parietal lobe'이라고 부르며, 머리의 정수리 부근이다. 두정엽에는 우리의 신체로 느낄 수 있는 자극을 표상representation하는 신경망이 존재한다. 표상이란 외부 환경에 존재하는 자극에 대응되는 뇌 속의 정보를 말한다. 예를 들면, 얼음을 손으로 만지면 차가움을 느낄 수 있는데 외부 세계의 물리적인 '차가움'이라는 자극 특성을 뇌가 정보화하기 때문에 가능한 것이다. 우리 몸으로 직접 만지고 부딪혀서 느껴야 하는 외부의 자극들은 두정엽이 처리한다. 이 외에도 공간 내에서 나의 몸을 움직여서 돌아다닐 때도 두정엽이 중요하며, 시각 등의 감각과 지각 정보가 좀 더 복잡한 정보처리를 거치는 곳이다.

두정엽 아래에는 '측두엽temporal lobe'이 있다. 측두엽의 안쪽은 그림에서는 보이지 않는데 그 안쪽이 앞서 말했던 '내측측두엽'이고 내측측두엽에 해마를 비롯한 서술적 기억 시스템이 들어 있다. 두정엽의 뒤쪽, 즉 우리 머리의 뒤통수 쪽에 보라색으로 표시된 것이 '후두엽occipital lobe'이다. 후두엽은 인간에게 가장 중요한 감각 중 하나인 시각 정보를 처리하는 영역인 시각피질visual cortex이 단독으로 자리를 잡고 있다. 시각에만 하나의 '엽'을 할당한 것을 볼 때 시각이 영장류인 인간에게 얼마나 중요한 정보인지 짐작할 수 있다. 후두엽의 밑 쪽에는 하나의 독립된 '작은 뇌'라 불리는 '소뇌cerebellum'가 있다. 소뇌는 절차적 학습과 기억을 설명할 때 이미 언급한 바 있지만, 세밀한 타이밍을 맞춰야 하는 근육의 움직임의 학습과 기억 등에 아주 중요하고 생존에 꼭 필요한 뇌 영역이다.

여기서 뇌 영역들의 자세한 기능들을 모두 이야기하는 것은 적절하지 않을 것 같다. 이 정도만 알고 있으면 우리나라 지도를 보고 어디가 경기도, 전라도, 강원도, 경상도 등인지 그리고 그 지역의 특징은 무엇인지 대충 아는 만큼은 되는 듯하다. 2부에서는 해마의 기능 중 일화기억에 대해서만 이야기했으나 사실 공간 및 위치 기억, 길 찾기 등 실생활에서 필수적인 인지적 기능들이 해마에 의존하고 있다. 해마와 관련된 더 깊이 있고 다양한 이야기는 이후 3부에서 해보려고 한다.

뇌가 학습과 기억을
멈추면

고장 나기 전에는 깨닫기 어려운 뇌의 고마움

지금까지 설명한 것을 잠깐 정리해보자. 뇌세포는 뉴런이라고 부르고 뉴런과 뉴런 사이에는 시냅스라는 화학적 변화가 일어날 수 있는 공간이 있다. 그 공간에서 뉴런들은 여러 가지 신경전달물질을 다양한 방식으로 주고받으며 서로 소통한다. 그리고 소통한 방식과 소통한 내용의 중요도에 따라 그 소통은 기억되기도 하고 잊히기도 한다. 시냅스의 강도가 기억되는 것이다. 신경망에 만들어지는 수많은 뉴런과 시냅스의 조합이 이루는 신경망에 만들어지는 이러한 패턴이 곧 특정 기억의 내용이라고 했다. 한 가지 중요한 사실은 신경망에서 학습된 내용을 기억하고 이를 다시 인출하는 원리는 비슷하지만, 해당 신경망이 뇌의 어디에 있는 가에 따라 신경망은 매우 다른 기능을 할 수 있다는 것이다. 대표적인 예로서 기저핵과 소뇌와 같이 절차적 학습과 기억을 담당하는 영역과 해마와 내측측두엽에 속한 많은 영역과 같이 서술적 기억을 담당하는 영역이 있다.

그런데 해마 시스템이 하는 서술적 학습과 기억이나 기저핵 등에서 일어나는 절차적 학습과 기억은 매 순간 우리에게 일어나고 있지만 우리는 이를 거의 느끼지 못한다. 마치 현대 컴퓨터 기술의 총아라는 엄청난 성능의 인공지능 알고리즘이 탑재된 소형 컴퓨터를 머리에 24시간 얹고 다니는 것과 마찬가지이지만, 그 무게도 느끼지 못하고 그 성능도 느끼지 못한다. 뇌는 너무도 자연스럽게 자신의 할 일을 하기 때문이다. 사실 이것이 정상이다. 뇌의 지능이 인공지능보다 월등한 이유도 여기에 있다. 뇌라는 기관은 마치 우리가 숨 쉬는 공기와 같이 있는지 없는지 모르고, MRI와 같은 기술을 이용해 뇌의 존재를 직접 보기 전에는 뇌가 정상적으로 작동한다는 것은 행동을 통해서 추측할 수밖에 없기 때문이다.

내 머릿속에 있는 뇌의 존재를 즉각적으로 깨닫게 되는

때는 평소에 의식조차 할 필요 없이 잘 되던 일이 갑자기 되지 않을 때다. 이때 비로소 '뇌에 무슨 일이 생겼나?' '뇌가 어떻게 되었나?' 하는 생각이 든다. 뇌가 정상적인 학습과 기억의 능력을 상실하면 어떤 일이 일어나는지 일반인들은 책이나 영화 등을 통해서 접하곤 한다. 책이나 영화에 나오는 환자들의 사례는 대개 극적인 요소를 위해서 다소 과장되어 극단적인 사례가 많다. 하지만 공통적인 것은 주로 뇌의 학습 기능을 저해하는 뇌질환이 이미 상당히 진행된 환자들의 경우가 등장한다는 점이다. 사실 이렇게 겉으로 드러나서 남이 눈치챌 정도로 진행된 학습 능력의 저하와 이를 초래한 뇌질환은 적어도 현대 의학과 뇌과학에서는 완치하기 어렵다고 볼 수 있다.

따라서 의학적으로는 뇌질환 및 정신질환의 외현적 징후가 보이기 전에 나타날 수 있는 미묘한 행동상의 변화나 뇌에 생기는 변화를 조기 발견하는 데 현재 많은 공을 들이고 있다. 조기에 발견하여 뇌가 아직 많이 고장 나기 전에는 여러 가지 치료법을 시도해볼 수 있는 여지가 더 있기 때문이다. 학계에서 많이 이야기하는 '경도인지장애 mild cognitive impairment' 줄여서 'MCI'라고 부르는 것이 바로 그

것이다. 물론 정상인도 뇌가 노쇠해지면 젊었을 때에 비해서 학습과 기억 능력이 다소 떨어진다. 뇌는 세포로 이루어진 생물학적 기관이고 세포는 나름의 수명이 있기 때문이다. 오랜만에 아는 사람을 만났는데 얼굴은 기억이 나지만 이름이 잘 기억나지 않기도 하고, 물건을 놔두었던 장소를 잘 기억 못 하기도 한다. 정상적인 범주에서 일어날 수 있는 이러한 인지기능의 저하는 괜찮지만, 정도가 조금 더 심해지게 되면, 정상적인 범주에서는 벗어나지만 아직 질환으로 분류하기에는 뇌가 정상처럼 보이는 단계가 있다. 경도인지장애는 젊은 20대에도 흔치 않게 나타나는 뇌의 기능 이상이고 뇌가 더 나빠질 수도 있는 전조 증상이기 때문에 학계에서는 이 경도인지장애가 나타나는 단계에서 뇌를 정상으로 되돌리기 위해서는 무엇이 필요한가를 열심히 연구 중이다. 마치 암세포를 조기에 발견하면 완치 가능성이 커지는 것과 비슷하다.

치매, 뇌인지를 과학으로만 할 수 없는 이유

앞에서 해마가 손상된 HM이라는 머리글자를 쓰는 환자가 학습과 기억의 판세를 바꾸어놓았다는 이야기를 잠깐 했었다. 이 밖에도 뇌인지과학 분야에서 우리 뇌가 어떻게 기능하는지에 대해 궁금증을 품게 하고 연구를 시작하게 만든 환자들의 사례는 많이 있다. 다중기억시스템 이론에서도 설명했지만, 뇌의 특정 부위의 손상은 특징적인 증상 및 행동을 보이는 환자를 만들고, 이때서야 비로소 우리는 뇌가 얼마나 소중한 존재인지 깨닫게 된다. 아마 뇌의 손상으로 인해 인지 기능과 행동이 방해받는다는 것을 일반인들은 '치매dementia'라는 병명을 통해서 널리 접했을 것이다.

치매가 무엇일까? 대부분이 '치매는 나이 들면 길 잃어버리고 기억이 잘 안 나고 그러는 것 아닌가?' 하는 식으로 두루뭉술하게 알고 있을 것이다. 치매는 학습과 기억, 사고, 인지 등 우리가 정상적으로 생활하는 데 꼭 필요한 뇌의 기능이 심각하게 저하되는 현상을 지칭한다. 치매 자체를 특정한 질환이라고 생각하기보다는 일종의 종합적인 현상을 지칭한다고 보는 것이 더 맞다. 쉽게 이해하기 위해 비유하자면 감기와 비슷하다고 생각하면 될 듯하다. '감기 걸렸다' 혹은 '독감에 걸렸다'라고 하면 무엇이 떠오르는가? 아마 대부분 감기에 걸려봐서 일련의 증상을 쭉 이야기할 수 있을 것이다. 목이 붓고, 기침이 나오고, 가래가 끓고, 또 콧

물도 나고 피곤하다. 이런 일련의 종합 증상들을 뭉뚱그려 일상생활에서 우리는 감기라고 지칭한다. 하지만 특정한 하나의 병원균이 유행성 감기를 유발하는 것은 아니고 감기를 불러일으키는 바이러스는 100여 종이 넘는다고 한다. 다양한 뇌질환에 의해서 뇌의 세포가 망가지면 이에 따라 학습과 기억 및 일련의 인지적 기능이 마비되기 시작하면서 나타나는 치매는 그런 면에서 감기와 비슷하다.

치매에 걸리면 나타나는 증상과 원인에 따라 치매에도 몇 가지 종류가 있다. 영화나 드라마에 자주 나와서 우리에게 익숙한 치매는 대부분 알츠하이머병Alzheimer's disease이라 부르는 알츠하이머성 치매이다. 알츠하이머성 치매를 앓는 환자의 뉴런들은 각종 비정상적 단백질과 구조적 방해로 인해 제대로 기능하기가 어렵고 결국은 기능을 잃고 죽기 시작한다. 그런데 이상하게도 나의 일생의 기억을 간직하고 있는 일화기억을 담당하는 해마의 손상이 우선적으로 일어나고 해마와 관련된 신경망들 역시 손상이 조기에 일어난다. 해마 시스템의 손상은 일상생활의 정상적 영위를 불가능하게 하는 측면도 있으나, 그보다 내가 어렸을 때부터 노인이 될 때까지 평생 모아 놓은 사진첩을 잃어버려

사진이 하나도 남아 있지 않게 된 것과 비슷하다. 가족과 행복했던 기억이 떠오르지 않고, 신혼여행 갔던 곳에 가도 기억나지 않는다. 이렇게 되면 갑자기 '나는 누구지?'라는 생각이 든다. 나를 타인과 다르다고 느끼게 해주던 소중한 기억이 다 없어졌기 때문이다.

평균수명이 길어지고 고령화되면서 치매는 이제 더는 극단적인 예가 아니며 주변에서 자주 접할 수 있는 병이다. 꼭 치매와 같이 뇌질환으로 이상이 발생하지 않더라도 나이가 들면 다른 장기와 같이 세포로 이루어진 우리 몸속 모든 부분의 기능이 젊을 때 비해 저하된다. 뇌도 세포로 구성되어 있어 예외는 아니다. 다만, 뇌는 우리의 행동과 정신을 지배한다는 점에서 같은 기능 저하라도 다른 장기에 비해 그 여파가 훨씬 더 클 수 있다. 나이가 들어 어느 날 갑자기 평소에 잘 기억한다고 생각했던 것들이 잘 기억나지 않는다면 분명 학습과 기억이 자신에게 얼마나 소중한 뇌의 기능인지 깨닫게 된다.

이런 점에서 뇌인지과학자들은 물리학이나 화학 등 순수과학을 하는 과학자들처럼 오직 지적 호기심만을 충족시키기 위해서만 과학을 한다고 말하기 쉽지 않다. 왜냐하면 자신이 연구하는 뇌라는 세포들의 덩어리가 우리의 정신 현상을 지배하고 우리의 행동을 조절하기 때문이다. 즉, 자신의 연구 결과가 일반인들, 특히 뇌질환이나 정신질환을 앓고 있는 환자들에게 직접적인 영향을 미칠 수 있기 때문에 가치 중립적인 연구를 한다는 것이 쉽지 않다. 물론 아인슈타인과 같은 물리학자가 호기심의 충족을 위해 상대성이론을 연구하고 $E=MC^2$라는 공식을 발표했으나 이것이 원자폭탄을 만드는 데 쓰인 사례도 있듯이, 순수과학자의 연구가 일반인의 삶에 커다란 변화를 가져올 수 있다. 이는 과학의 원리가 좋은 기술 혹은 나쁜 기술로 변형되는 것이다. 하지만 적어도 과학의 원리를 탐구하는 과학자는 훗날 자신의 발견이 어떻게 응용될지 생각하지 않고 순수한 호기심의 충족을 위해 과학을 한다. 하지만 뇌인지과학에서 나온 원리는 치매, 우울증 등 정신질환을 앓는 환자의 치료에 좋게 쓰일 수도 있지만, 나쁘게 쓰인다면 우리의 정신 현상과 정체성에 직접적 영향을 미칠 수 있다. 즉, 뇌는 과학적 호기심만으로 연구하기에는 개인에게 너무도 무시무시한 파급력을 지닌 소우주이다. 게다가 아인슈타인은 원자폭탄을 머리에 이고 다니지 않았지만, 뇌인지과학자는 항상 자신의 뇌를 머리에 이고 다니기 때문에 가치 중립적인 뇌인지과학 연구란 쉽지 않다.

PTSD, 너무 과한 기억도 병이다

뇌의 학습과 기억 능력에 대한 고마움은 학습이 안 되고 기억이 잘 나지 않을 때만 느낄 수 있는 것은 아니다. 역설적으로 들리겠지만 뇌가 특정 기억을 너무 과하게 잘 간직하고 있어도 때로는 정상적인 생활을 하는 데 큰 방해가 된다. '외상 후 스트레스 장애'라는 병이 있다. 대부분 사람들은 PTSD라는 영문 머리글자로 잘 알고 있는 정신질환이다. 큰 교통사고, 세월호 사고, 대구 지하철 사고, 월남전 참전, 625전쟁 경험, 뒷골목에서 무서운 깡패를 만난 경험 등 실제로 사건을 겪은 당사자에게 주로 나타나는 증상이다. 일반적으로 우리의 뇌는 굳이 오랫동안 간직하고 있을 필요가 없는 기억은 적당히 흐릿하게 가지고 있거나 잊어버린다. 하지만 극도의 공포와 불안을 동반했던 일화기억은 잊으려 해도 잊히지 않고 세월이 지나도 매우 또렷하게 남는 경우가 있다. 아니 또렷하게 남는 것을 넘어서 그 사건과 비슷한 일만 봐도 다시 등에서 식은땀이 나고 몸이 움직이지 않는 반응이 나올 정도로 뇌가 과민반응을 보일 수 있다. 앞서 1부에서 예로 들었던, 치타에게 목덜미를 물릴 뻔했다가 가까스로 도망쳐 나온 임팔라의 경우를 떠올려보면 이해가 쉬울 듯하다.

뇌가 이렇게 과민반응을 보이는 이유는 물론 생존을 위해서다. 생명체가 자신의 목숨을 위태롭게 만든 특정 사건을 더 잘 기억하고 미리 대비하려는 것은 어떻게 보면 당연한 전략이다. 하지만 문제는, PTSD 환자의 뇌는 특정 상황과 사건을 과도하게 학습한 덕분에 지나친 일반화를 하여 일상생활을 어렵게 만든다는 것이다. 예를 들어 어두운 뒷골목을 혼자 가다가 불량배를 만나서 겁에 질려 떨었던 기억이 트라우마로 남는다면, 이후로는 어두운 골목의 사진이나 그림만 보더라도 식은땀이 나고 몸이 불안한 징후를 보내기 시작한다. 뇌는 예전에 불량배를 만나서 고생했던 상황을 다시 만들지 않기 위해 나름대로 열심히 일하는 것이지만, 이것이 너무 과해서 조금만 그 상황과 비슷한 자극이 나타나도 조심하라고 모든 기능을 정지시켜 버리니 생활이 어려워질 수 있다. 아예 밤에 나가지 않으려고 한다거나 심하면 아예 집 밖에 나가려고 하지 않게 된다. 또, 월남

전 참전 용사 중 PTSD로 고생하는 분들의 이야기를 들어 보면, 정글(밀림)에서는 총알이 날아오는 소리가 들리는 순간 그 즉시 엎드려야 살 수 있으므로 빛의 속도로 엎드리는 것이 몸에 배어 있다고 한다. 이 군인들은 전쟁이 끝나고 고향에 돌아와서도 일반적인 삶을 살기가 어렵다. 역시 뇌가 지나치게 특정 자극을 피하려는 학습을 한 탓이다. 예를 들어 사람들이 기쁘다고 터뜨리는 폭죽 소리나 특정 냄새 등이 전쟁터의 기억을 떠올리게 하고 그 즉시 숨거나 총부터 찾게 된다.[19] 뇌가 너무 과하게 학습한 것이다.

건강한 학습의 비결, 균형 잡기

1부에서 뇌의 학습과 기억의 두 가지 원칙이 이로운 것을 취하고 위험한 것을 피하는 것이라고 했다. PTSD 환자의 뇌는 후자의 기능에 훨씬 충실한 뇌가 되어버린 것이다. 앞서 설명한 치매의 경우는 자신이 학습한 내용을 잃어버리는 것이 문제인데, 외상 후 스트레스 증후군은 자신이 학습한 것을 버리지 못하는 것이 문제다. 뇌의 이런 특성을 볼 때, 뇌의 학습과 기억에 '균형'이 얼마나 중요한지 알 수 있다. 즉 너무 과해서도 안 되고 부족해도 안 된다. 이 균형이 조금만 무너지면 우리는 정상적인 삶을 살 수 없는 상태로 들어가는 것이다. 굉장히 무서운 일이다. 대부분 일반인들은 너무도 당연하게 나의 행동을 받쳐주던 뇌의 학습과 기억 능력이 갑자기 이상해질 경우 상당한 충격을 받게 된다. 평범하게 살다가 갑자기 무서운 일을 당해 PTSD 환자가 된다거나, 갑자기 치매 증상이 나타나기 시작하면서 생활이 어려워지거나 하면 그야말로 '멘붕' 상태에 빠지게 된다.

우리가 흔히 뇌의 학습과 기억을 이야기할 때 좋은 대학에 가기 위해 공부를 하고 학원에 다니는 맥락에서 이야기를 하지만, 지금까지 언급한 환자들의 처지에서 보면 이는 사치스러운 이야기일 수 있다. 환자들에게는 학습과 기억의 이상이 생존의 문제이기 때문이다. 즉 우리 뇌는 생존을 위해서 균형을 유지하도록 진화했다. 생존을 위해 오랫동안 기억할 가치가 있는 것은 오래 간직한다. 그리고 폐기함으로써 시스템을 더 효율적으로 기능할 수 있게 만드는 기억은 과감히 버리도록 진화했다. 이러한 뇌의 기본적 작동 원리를 잘 이해하면 우리 일상생활에서 마주치는 여러 가지 사건에서 왜 어떤 행동이 나오는지를 더 쉽게 이해할 수 있을 것이다.

앞에서 대비시켜 설명했던 절차적 학습 시스템과 서술적 학습 시스템도 역시 서로 균형을 맞춰 조화롭게 작동해야 하는 뇌의 학습과 기억 시스템들이다. 각각의 시스템의 기능과 작동 원리만을 떼어놓고 보면 서로 매우 다르지만, 이 두 시스템이 우리의 뇌의 큰 부분을 차지하고 있는 이유는 우리의 일상이 이처럼 다른 속성의 인지와 행동을 요구하기 때문이다. 예를 들면 생전 처음 낯선 곳을 찾아가는 경우를 상상해보자. 낯선 여행지에서 매우 복잡한 길을 지나 숙소까지 가야 한다면 처음에는 길을 찾느라 너무 머리가 아플 것이다. 숙소에 도착하면 너무 피곤해서 곯아떨어지고 만다. 이러한 학습과 기억에 동원되는 해마는 의식적으로 정보처리를 하므로 쉽게 우리를 피곤하게 하는지도 모르겠다. 그만큼 많은 에너지를 쏟으며 일하는 것이다. 마치 컴퓨터에 부하를 많이 거는 게임 등을 하면 컴퓨터에 발열이 심해지는 것과 같다. 따라서 우리의 뇌는 어떻게든 특정 과제를 별로 에너지를 쓰지 않고 자율적이고 무의식적으로 시스템이 알아서 할 수 있는 상태로 만들기 위해 노력한다. 매번 의식적으로 엄청난 에너지를 써가면서 살 수는 없기 때문이다.

즉, 뇌는 해마 위주의 학습과 기억을 어떻게든 선조체나 다른 절차적 학습과 기억 시스템으로 넘겨 자동화시키고 싶어 한다. 처음에는 낯선 길이었지만 수없이 반복해서 가다 보면 나중에는 무의식적으로 찾아갈 수 있을 정도로 자동 내비게이션이 이루어진다. 절차적 기억, 혹은 '습관habit'이 되는 것이다. 이 역시 뇌가 낯섦과 익숙함 사이에서 학습과 기억 시스템의 균형을 유지하려는 것이다.

Q 묻고

답하기 A

인공지능이 계속 발전하면 인공지능도
인간의 뇌와 같은 뇌를 갖게 될까?

이 질문에 대한 답은 인공지능 개발의 최종 목표
를 어디에 두는가에 따라 다를 것이다. 인공지
능을 처음 꿈꿨고 우리에게는 〈이미테이션 게임
The Imitation Game〉이라는 영화의 모델로도 잘 알려진
1950년대 초기의 앨런 튜링Alan Turing이라는 수학자
의 목표는 인간의 뇌와 실질적으로 구별이 불가능
할 정도로 유사하게 작동하는 인공의 뇌를 만드는
것이었다. 칸막이를 사이에 두고 컴퓨터와 내가

앉아 있을 때 내가 상호작용하고 있는 것이 컴퓨터 인지 사람인지 구별할 수 없다면 비로소 그 컴퓨터가 '인공지능Artificial Intelligence'을 가졌다고 볼 수 있다고 했다. 이것이 그 유명한 튜링 테스트이다. 튜링의 추종자이자 알파고의 창시자로 잘 알려진 데미스 하사비스는 이 목표에 도달하기 위해서는 먼저 인간 뇌의 작동 원리를 이해하고 이를 인공적으로 구현하는 노력을 해야 한다고 주장해왔다. 특히 그는 스스로 학습할 수 있는 뇌의 능력을 어떻게 인공지능에 심어줄 수 있을 것인지에 연구의 초점을 맞추고 있다. 스스로 학습하는 인공지능을 개발하면 인공지능이 자신의 문제를 스스로 풀기 시작하고 심지어 인간이 풀지 못한 오래된 과학적 미스터리들을 푸는 데 도움이 되리라는 것이다. 하지만 인공지능 기술 개발을 하는 연구자 중에는 이러한 목표가 지금 단계에서 너무 요원한 일이라는 비관적인 견해를 가진 사람도 다수 있다. 인간의 뇌가 어떻게 작동하는지에 대해 모르는 것이 너무 많고 본질적으로 세포로 구성된 뇌와 비슷한 작동 원리를 반도체로 구성된 컴퓨터에 그대로 구현하는 데는 한계가 있다는 것이다. 이 두 가지 긍정적 견해와 부정적 견해 중 어떤 견해가 먼저 현실화될 것인지는 아직은 지켜봐야 할 것 같다.

나쁜 기억을 더 잘 기억하는 사람이 있고, 좋은 기억을 더 잘 기억하는 사람이 있는 것 같은데 성향 차이 때문일까? 사람마다 기억에 편차가 있는 이유는 뇌 기억이나 시스템이 달라서일까?

뇌인지과학 연구에서 가장 미진한 부분 중의 하나가 개인차를 설명하기 위한 연구이다. 이것은 뇌인지과학뿐만 아니라 통계적이고 확률적으로 현상의 이면에 존재하는 원리를 경험적으로 탐구하는 과학의 단점이기도 하다. 즉 경험과학은 확률적으로 볼 때 평균적으로 일어나는 현상에 더 집중하고 이 평균에서 벗어나는 현상은 예외로 다루는 경향이 있다.

　과학적 증거가 명확하지는 않지만, 내 견해로는 좋은 기억과 나쁜 기억에 특화된 개인차는 학습의 두 가지 큰 원리로 설명했던 '해로운 것을 피하라'와 '이로운 것을 취하라'의 두 가지 중 어느 쪽으로 뇌의 학습 시스템이 더 발달했는가에 따라 결정될 듯하다. 특히, 어렸을 때의 발달 과정이 중요할 것이며 성인이 되어서도 개인의 삶에 큰 영향을 미칠 수 있는 사건을 경험한다면 이러한 경험적 학습이 영향을 미칠 것이다. 어떤 희생을 치르더라도 해로운 것을 피하는 것이 개인의 가장 큰 목표가 되는 순간 조금만 해로워 보이는 경험도 모두 기억하려는 행동 습관이 생긴다. 이러한 개인의 특징은 늘 불안 상태가 높고 주변을 경계하며 잘 모르는 곳에 가지 않으려 하고 잘 모르는 사람과 말하고 싶어 하지 않는 등 사회 부적응적 행동을 보이기 쉽다. 반대로 어떤 희생을 치르더라도 이로운 것을 취하는 방향으로 편향된 시스템을 가진 사람은 조금의 이익만 보았다고 생각해도 이것을 기억하려고 하고 이런 경험들이 계속해서 기회를 잡고자 노력하는 모습을 보이도록 한다. 다만 이 경향이 지나치면 중독과 집착이 될 수 있다. 도박에 중독된 사람들의 특징처럼 나쁜 결과는 기억하지 못하고 운이 좋아서 돈을 딴 기억만 가지고 계속해서 부적응적 행동을 보일 수도 있는 것이다. 따라서 앞서 말한 바와 같이 건강하고 적응적인 학습과 기억의 핵심은 '균형'이다.

건망증, 술을 마시고 찾아오는 블랙아웃 등 기억장애가 아니지만 기억을 잘 하지 못하는 현상이 있다. 이는 기억장애와 어떻게 다른가?

일단 확실한 것은 누구에게나 평소에 자신이 정상이라고 생각하는 학습과 기억의 상태가 있다는 사실이다. 그러다가 그 시스템이 제대로 작동하지 않는다고 느끼면 뭔가 이상하다고 생각해야 한다. 자신의 학습과 기억 시스템이 제대로 작동하고 있는지 스스로 평가하고 이를 개선하고자 하는 방향으로 행동을 바꾸는 것은 현재의 인공지능이 할 수 없는 생물학적 뇌만의 특징이기도 하다. 따라서 평소에 자신이 물건을 어디에 두면 잘 기억하는 편이었는데 최근 들어 자주 이런 기억이 잘 나지 않는다거나, 술을 마셔도 예전에는 소위 필름이 끊기는 일이 없었는데 최근 들어 자주 그런 일이 있다고 하면 이것은 뇌가 평소처럼 작동하지 않기 시작했다는 증거이며 결코 가볍게 받아들여서는 안 된다.

다만, 나이가 들면서 뇌의 세포들도 노화현상이 나타나고 이에 따른 자연스러운 인지 능력 감퇴는 있을 수 있다. 일반인들도 이러한 자연적 노화현상으로 나타날 수 있는 학습과 기억의 장애는 어느 정도가 일반적인지 알 필요가 있다. 또, 뇌의 뉴런들은 서로 활발히 소통하도록 계속해서 학습을 시키면 그만큼 노화현상을 더디게 겪게 되므로 '인지적 작업'에 해당하는 활동을 활발히 하는 것도 중요하다. 건강한 학습과 기억 시스템을 유지하기 위해서는 또한 세포를 망가뜨리는 것으로 잘 알려진 화학물질을 과용하는 습관을 버려야 한다. 술, 담배, 약물 등 현대사회를 살아가는 사람들은 뇌의 생물학적 특성을 저해하는 물질을 포함한 제품을 너무도 가깝게 접할 수 있다. 특히 알코올은 해마의 세포에는 치명적인 영향을 미치므로 과음은 정말 위험하다. 부지불식간에 조금씩 망가진 뇌의 시스템은 나이가 들면서 갑자기 치매로 발전할 수도 있고 기타 뇌질환과 정신질환으로 이어질 수 있으며, 이를 깨달았을 때는 이미 건강한 뇌로 돌려놓기에는 늦었을 가능성이 크다. 뇌는 생명체의 가장 최소 기본 단위인 살아 숨 쉬는 세포들로 구성된 소우주라는 점을 명심하고 나만의 소우주를 잘 돌보려는 마음이 중요하다.

3부＿＿＿＿＿＿＿

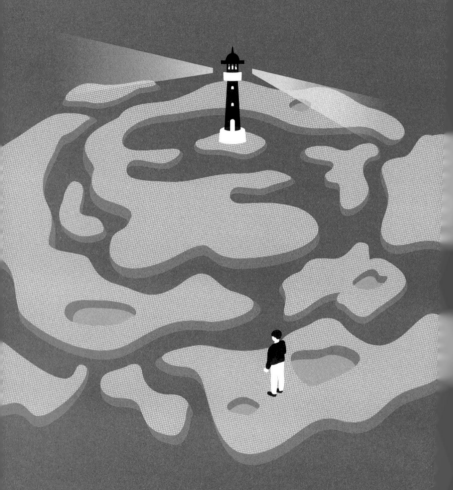

일생의
기록관

해마,

경험하고
기억하다

우리 뇌에 다양한 기억 시스템이 존재한다는 것을 어떻게 알아냈을까? 그 진정한 출발점은 해마 연구였다. 해마는 우리가 매일매일 평생 겪는 일을 차곡차곡 기록하고 저장한다. 사건을 기억하고, 길을 기억하고, 이러한 기억을 토대로 의사결정에도 관여한다. 해마의 작동 원리를 과학적으로 이해하면 뇌의 학습과 기억의 미스터리가 풀릴 것이며, 뇌 지능의 정수를 이해할 수 있게 될 것이다.

HM의 삶과 죽음, 그리고 해마

해마, 고등인지의 핵심 영역

1부와 2부에서는 뇌의 학습과 기억에 대해 다소 일반적인 내용과 원칙을 소개했다면, 3부에서는 조금 더 깊이 들어가 보려고 한다. 1부에서는 생존에 기억이 매우 중요하다고 이야기했다. 고등학교 3학년 때 대학 입시를 위해 수험생 생활을 한 경험이 있거나 각종 시험을 치렀던 사람이라면 학습은 매우 지겹고 혐오스러운 단어로 들릴 수도 있다. 이 책으로 전달하고자 하는 가장 큰 메시지 중 하나는 '학습'이라는 말이 그렇게 특수한 내용을 배우는 것만을 이야기하는 것은 아니라는 점이다. 오히려 특수한 무언가를 배워서 시험을 치르는 것은 뇌의 학습 시스템 측면에서 보

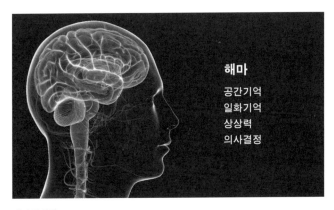

해마
공간기억
일화기억
상상력
의사결정

해마의 위치

면 아주 작은 부분이다. 영어로 '학습^{learn}'이라는 말은 갓난아기나 동물의 새끼가 태어나 죽을 때까지 뇌가 생존을 위해 쉬지 않고 수행해야 하는 기본적인 인지 기능이라고 생각하면 된다. 2부에서는 뇌세포인 뉴런과 뉴런들로 이루어진 신경망이 학습하는 원리를 간단하게 살펴보았고, 그러한 신경망의 집단이 여러 가지 종류의 학습 시스템을 이루고 있다고 설명하며 다중기억시스템 이론을 소개한 바 있다. 이 과정에서 절차적 기억을 소개했고, 해마를 핵심 멤버로 삼는 서술적 기억 시스템도 소개했다.

그렇다면 뇌에 이처럼 다양한 기억 시스템이 존재한다

는 것을 도대체 어떻게 알아냈을까? 이를 알아보기 위해서 3부에서는 해마 연구의 역사에 대해 이야기해보려 한다. 그림에서 붉은색으로 표시된 부분이 해마다. 평소에 눈으로 볼 수는 없지만, 독자들의 뇌도 MRI 등을 통해 영상으로 찍어 보면 모두 저렇게 생겼다. 사람의 얼굴 옆쪽에서 뇌를 보면 5센티미터 정도 길이의 해마가 있다. 그림은 오른쪽에서 본 모습이라 하나만 보이지만 양쪽에 하나씩 있다.

  '일생의 기록관 해마, 경험하고 기억하다'라는 3부의 제목이 해마의 기능과 의미를 대변한다. 기록관이라는 말이 조금 어색할 수 있지만, 국회나 법정 장면을 TV에서 보면 회의 중이나 재판 중에 계속해서 타자기같이 생긴 기기에 무언가를 타자하는 기록관을 본 적이 있을 것이다. 기록관은 해당 장소와 시간에 벌어진 모든 사건의 내용을 하나도 빠짐없이 기록하고 이를 정리해서 문서나 책으로 만드는 사람이다. 우리의 뇌에서는 해마가 이런 기록관 역할을 한다고 생각하면 될 것 같다. 갓난아기로 태어나서 눈을 뜨기 전부터 이미 해마는 기본적인 작동을 하고 있고 기록을 시작한다. 기록관 비유가 잘 와 닿지 않으면 영화를 촬영하는 촬영기사를 생각해도 될 것 같다. 해마는 내 앞에서 벌어지는 모든 일을 촬영해서 필름 혹은 파일로 남기고 훗날 이를 편집해서 한 편의 영화로 저장하는 그런 뇌 영역이다. 해마가 특정 경험을 가지고 어떤 영화나 책을 만드는가에 따라 우리가 해당 사건과 비슷한 사건을 다시 접할 경우 행동이 달라지기 때문에 행동 선택과 의사결정에도 해마는 중요한 영역이다. 또, 우리의 상상력도 우리의 경험에 의존하기 때문에 상상력과 계획 수립에도 중요한 그야말로 고등인지의 핵심 기능을 수행하는 중요한 뇌 영역이다.

나의 해마와 쥐의 해마는 비슷하다

사람들은 대개 인간이 다른 동물에 비해 매우 특별한 뇌를 갖고 있다고 생각한다. 이것은 한편으로는 맞지만 또 한편으로는 틀리다. 인간의 뇌가 다른 동물들의 뇌와 다른 부분은 주로 진화의 과정에서 나중에 생긴 것으로 추측되는 신피질neocortex 영역, 특히 전두엽 쪽의 신피질 영역들이다. 이에 반해 진화상 오래된 영역들은 사실 다른 동물들의 뇌와 그다지 큰 차이를 보이지 않는다. 즉, 인간의 뇌에는 여전히 매우 동물적인 영역이 존재하는 것이다.

　해마는 어떨까? 쥐, 고양이, 강아지, 원숭이, 침팬지 등

새끼를 낳는 동물인 포유류의 뇌에는 해마가 존재한다. 인간도 역시 포유류이다. 놀랍게도 포유류의 해마는 구조가 매우 비슷하다. 포유류에서도 상당히 진화된 뇌를 가지고 있는 원숭이, 침팬지, 그리고 사람을 영장류primates로 분류한다. 하지만 해마의 구조만을 놓고 보자면 영장류의 해마에서 다른 포유류의 해마와 차이점을 발견할 수는 있으나, 다른 포유류 동물이 가지고 있지 않은 해마 내 구조가 영장류의 해마에만 있거나 다른 포유류 동물이 가지고 있는 해마 내 구조가 인간을 비롯한 영장류의 해마에는 없다거나 하는 등의 근본적인 차이점은 보이지 않는다. 이것은 해마가 그만큼 진화적으로 오래된 뇌 영역이라는 이야기다. 사람과 진화상에서 멀리 떨어져 있는 하등동물을 비교했을 때 굉장히 차이가 크게 나는 부분은 진화하면서 더 필요하다고 여겨져 추가로 발달한 영역이라고 볼 수 있겠지만, 하등동물과 비슷한 영장류의 뇌 구조는 기본적으로 비슷한 기능을 요구하기 때문에 그다지 큰 변화의 필요성이 없었다는 뜻이다.

헨리 몰레이슨(HM), 해마 연구의 시작점

해마가 학습과 기억에 어떤 역할을 하는지 본격적으로 연구를 처음 시작할 수 있게 한 사람은 헨리 몰레이슨^{Henry Molaison}이다. 그는 1926년에 태어났고, 2008년에 세상을 떠났다. 이 사람은 뇌인지과학을 연구한 연구자가 아니고 전 세계에 이름을 떨친 유명한 환자다. 환자가 유명해졌다니 의아하게 생각할 법하다. 몰레이슨은 2008년 돌아가시기 전까지는 환자의 사생활 보호를 위해 HM이라는 영문 머리글자로 불렸다. HM은 일화기억의 장애로 인해 자신이 어떤 실험에 참여했는지 기억하지 못했지만, 학계의 발전을 위해 반복되는 실험에도 성실하게 참여하는 아주 모범적인 환자였다고 한다.

HM은 어렸을 때 헬멧을 쓰지 않고 자전거를 타다가 넘어져서 땅에 떨어질 때 머리에 받은 충격으로 뇌전증을 앓았다고 추정된다. 뇌전증(예전에는 간질이라는 표현을 썼는데 부정적인 어감을 가진 단어라서 의학계에서 뇌전증이라고 용어를 바꾸었다), 영어로 에필렙시^{epilepsy}라고 하는 이 뇌질환에 걸리면 뉴런이 주체할 수 없을 정도로 흥분하게 된다. 뇌에서 균형의 중요성을 강조했는데, 흥분만 하고 억제가 되지 않는 세포는 결국 죽게 된다. 해당 뉴런만이 죽는 것이 아니라 신경망을 타고 다른 뉴런들에까지 주체할 수 없는 흥분이 전달되어 마치 뇌 전체가 고압 전류에 감전되는 것과 비슷한 사태가 벌어진다. 우리의 팔다리를 움직이는 뇌의 운동 영역에도 전기가 퍼지면 해당 뉴런들이 활동하게 된다. 그래서 흔히 영화 등에서 뇌전증 환자를 묘사할 때 자주 나오는 팔다리가 의도하지 않았는데 마음대로 움직이는 발작도 일어나는 것이다. 한마디로 뇌가 통제 불능 상태가 된다. 문제는 이 갑작스러운 뇌 신경망의 감전 사태가 언제 발생할지 예측하기가 어려워 항상 조마조마하게 되고 일상생활이 거의 불가능해진다는 것이다. 해마는 뇌에서 이러한 과도한 신경망 흥분이 시작되는 최초의 시발점 중 하나로 잘 알려져 있다.

1950년대에 HM은 미국 코네티컷주의 윌리엄 스코빌William Scoville이라는 의사를 만났다. 스코빌은 당시에 상당한 위험 부담이 있는 수술을 과감하게 시도하는 의사로 유명했다고 한다. 스코빌은 HM의 뇌전증 사례는 약물 치료가 불가능한 상황이라고 보고, 뇌전증의 원인 영역으로 작동하고 있다고 본 해마를 외과적 수술을 통해 도려내기로 결정한다. 어차피 정상적인 생활을 하기 어려웠던 HM과 그의 가족도 이에 동의했고 1953년에 수술은 이루어졌다. 해마를 절제한 것이다. 수술한 이후 뇌전증으로 인한 발작도 줄어들고 어느 정도 정상적인 생활이 가능해졌다고 한다. 하지만 수술 후 그 누구도 예상하지 못했던 이상 증상이 나타나기 시작했다. 앞서 예로 들었던 영화 〈메멘토〉의 주인공처럼 행동하기 시작한 것이다. 자신에게 일어나는 사소한 사건을 전혀 기억하지 못하고 길을 잘 잃어버리는 등 현대 뇌인지과학에서 해마 의존적으로 일어난다고 알려진 모든 학습과 기억 기능이 마비되는 현상이 나타났다. HM이 파티에 가서 거울에 비친 자기 얼굴을 알아보지 못하고 거울 속 자신에게 인사했다는 일화도 있을 정도이니 얼마나 정상적인 생활이 어려웠을지 짐작이 간다.

하지만 HM의 학습과 기억 이상이 특정한 종류의 학습과 기억에서만 나타나고 소위 절차적 학습과 기억 영역에서는 나타나지 않는다는 느낌을 받은 스코빌 의사는 당시 캐나다 맥길McGill 대학 몬트리올 신경학 연구소Montreal Neurological Institute의 신경심리학자였던 브렌다 밀너Brenda Milner 박사와 함께 HM을 데리고 다양한 행동 및 지능 검사를 실시하게 된다. 그리고 그 결과를 1957년에 학술지에 처음 발표하면서,[20] 해마가 학습과 기억에 어떤 역할을 하는지에 대한 학계의 궁금증과 연구를 촉발시키게 된다. 논문의 서두에서 스코빌과 밀너는 이 HM의 기억 상실 패턴이 상당히 특이해서 이론적인 가치가 높다는 것을 알리고 싶다고 설명하고, 다른 한 가지는 이처럼 해마를 절제하는 수술을 함부로 해서는 안 된다는 경각심을 불러일으키고자 논문을 발표한다고 설명하고 있다. 가까이서 본 HM의 학습과 기억 장애가 얼마나 심각했는지 엿볼 수 있는 대목이다. 앞서 누차 말했듯이 일화기억이나 재인 등을 요구하는 학습 영역이나 공간 학습과 기억 영역에서 HM은 정상인에 비해 매우 비정상적인 행동을 보였다. 그러나, 스코빌과 밀너 박사가 이론적 가치가 있다고 설명한 것은 그러한 특정 학습과 기억 영역에서는 매우 비정상인 것에 비해 단순 운동 학습이나 절차 학습 등 해마와 상관없는 학습과 기억은 일반인과 다를 것이 없다는 점 때문이었다. 일반적인 지능 검사에서도 별다른 이상이 발견되지 않을 정도로 매우 특정한 종류의 학습과 기억 능력 손상만이 해마의 절제와 함께 나타났다는 점은 그때까지의 학설을 뒤집을 수 있는 다중기억시스템 이론의 등장에 큰 역할을 했다.

죽어서도 유명해진 HM의 해마

HM 환자는 역사적 인물이므로 그의 사후 어떤 일이 벌어졌는지를 잠깐 소개할까 한다. 2008년 HM이 죽을 때 HM은 자신의 뇌가 학문적 가치가 있으므로 더 자세히 살펴볼 수 있도록 뇌를 기증하겠다고 밝혔다. HM의 해마의 모든 뉴런이 실제로 모두 제거되었는지 여부와 해마 주변의 다른 뇌 부위는 얼마나 손상이 되었는지 아는 것은 학술적으로 매우 중요한 일이었다. 이를 위해서 조직학적으로 뇌의 세포들이 잘 보이게 염색한 이후에 관찰해보려고 한 것이다. 물론 HM이 살아 있을 때 MRI도 찍어보고 해마가 손상되었다는 것은 어느 정도 알 수 있었지만, 그보다 분명하고 자세하게 알기 위해서는 실제 뇌를 조직학적인 기법을 써서 검증해봐야만 했다. HM의 사후 뇌를 기증받고, 이후 뇌를 얼려서 조직학적 처리를 위해 0.07밀리미터 두께의 얇은 2401장의 표본을 만드는 전체 과정이 2009년 12월 2일 유튜브로 생중계될 정도로 이는 역사적으로 큰 관심을 끈 사건이었다.[21] HM 사후 1년 만에 세계가 주시한 이 조직학 실험을 주도한 사람은 미국의 야코포 아네세^{Jacopo} Annese 박사로 뇌 전망대^{Brain Observatory}라는 연구소의 소장을 맡은 인물이었다.

아네세 박사는 HM의 얇게 썰어진 해마에 남아 있는 세포들을 염색하고 다시 2401장의 해마 절편 표본들을 컴퓨터로 합성하여 HM이 살아 있었을 때의 해마의 3차원 모양을 복원하였고, 2014년 이를 논문으로 발표했다.[22] 그 결과 놀랍게도 그때까지 사람들이 HM의 뇌에는 해마가 전혀 없다고 생각했던 것과 달리 해마의 일부 조직과 조직 내의 뉴런들은 건재했다. 특히 뇌의 왼쪽 반구에 있는 해마는 상당 부분 정상 세포가 발견되었다. HM의 실제 해마의 뉴런들이 실제로 어느 정도 손상되었는지를 밝혀낸 것은 대단한 성과였지만, 이로 인해 그때까지 거의 모든 대학교에서 HM은 해마를 완전히 잃어버린 환자라는 가정하에 했던 강의는 오류가 있는 강의가 되어버리는 사태가 발생했다. 《뉴욕타임스》에서는 HM의 사후에 HM의 뇌를 두고 일어난 다툼, 즉 기존 학계에서 HM에 대해 연구하던 학자들과 새로운 주장을 펼치는 학자들 간의 다툼을 심도 있게 다루기도 했다.[23] 기존 학자들 중에는 HM의 해마는 수술로 모두 제거되고 없다는 전제하에 30~40년 연구를 해서 학문적인 위치를 확립한 수잔 콜킨Suzanne Corkin 같은 사람들이 있었다. HM의 해마는 HM이 살아 있을 때 아무것도 기억하지 못하는 뇌 영역이었지만, 누구의 해마보다도 더 유명해졌고 HM이 죽은 후에도 계속해서 유명세를 치러야 했다.

일화기억이 없는 제이슨 본의 뇌

앞서 해마의 기능에 대해서 간략히 설명한 바 있다. 서술적 학습과 기억을 담당하는 시스템의 핵심 영역이라고 설명했고 일화기억에 중요하다고 했다. 일화기억은 클레이턴 박사의 실험에서 예를 든 바와 같이 특정 장소에서 특정 시간에 무언가와의 상호작용을 하는 사건event을 일정 시간 동안 겪으면서 형성된다. 오늘 아침에 있었던 일화를 점심시간에 동료들에게 얘기하는 자신을 상상해보자. "아침에 집에서 나와서 버스를 타려고 아파트 단지 놀이터를 지나서 버스정류장으로 걸어가다가 초등학교 동창을 우연히 만났어"라고 자신의 일화기억을 해마에서 꺼내서 말해주었다고 하자. 이 짧은 문장 내에 공간 혹은 장소 정보가 몇

개 등장한다. 자신의 집, 아파트 단지, 놀이터, 버스정류장 등의 장소가 나온다. 또, 아침이라는 시간 정보가 등장하고 '집 → 아파트 → 놀이터 → 버스정류장'의 장소를 시간과 사건의 흐름을 따라 지나가는 순서^{sequence}와 같은 시간 정보도 등장한다. 그리고 그 과정에서 마주친 아파트의 나무들, 경비실, 놀이터의 그네와 같은 물체들과 더불어 자신의 초등학교 동창과 같이 사람을 대상^{what}으로 마주친 기억을 떠올린다.

이토록 여러 가지 정보가 시간의 순서에 따라 각 시간에 자신이 있었던 장소 및 그 장소에서 보았던 사물 및 사람 정보와 함께 모두 저장되어 있다가 내가 꺼내고 싶을 때 이렇게 자연스럽게 다시 나온다니 참으로 놀랍다. 이처럼 해마가 다루는 일화기억은 공간과 시간이라는 두 대의 마차가 이끌어간다. 특정 시간에 특정한 순서를 가지고 특정한 장소들과 그 장소들에서 마주친 물체와 사람들이 마치 하나의 동영상으로 제작되는 곳이 해마이다.

해마의 일화기억은 특정 장소나 시간에 얽매여 있는 특성이 있고 이러한 특성은 서술적 기억의 한 종류인 '의미기억^{semantic memory}'과 대비시킬 때 더 잘 드러난다. 누군가가 나에게 "한국의 수도는 어딘가요?"라고 질문하면 '서울'이라고 즉각 답할 수 있다. 나는 한국의 수도가 서울이라는 것을 언제 어디서 배웠을까? 나의 뇌는 이 사실을 알지 못했지만 아마도 어린 시절 어디에선가 학습하고 기억으로 저장했을 것이다. 한국의 수도가 서울이라는 기억은 일화기억이 아니다. 왜냐하면, 특정 장소와 특정 시간에만 국한된 기억이 아니기 때문이다. 내가 어렸을 때도 한국의 수도는 서울이었고 내가 노인이 되어서도 이 기억은 변함이 없다. 즉, 지식 혹은 의미만을 기억하는 것이기 때문에 그 기억을 언제 어디서 형성했는지는 그다지 중요하지 않은 그런 종류의 기억이다. 이것이 '의미기억'이다. 만약 누군가 한국의 수도가 서울이라는 것을 배운 특정 장소와 시간을 기억하는 사람이 있다면 그 기억을 떠올리는 것은 일화기억이라고 할 수 있다. 의미기억은 지식으로 추상화되어 뇌에 저장되어 있고 해마에 그다지 의존적이지 않다. 학교에서 수많은 지식을 배우는데 그 모든 지식을 배웠던 모든 장소와 시간이 다 기억나는 사람은 거의 없기 때문이다. 하지만 여기에도 예외가 있다. 4부에서 이야기할 소위 '초월적 기억super memory'을 가진 사람들은 이 모든 것을 기억한다고 한다.

기억이 습득된 장소와 시간을 같이 기억하는 것이 별로 중요하지 않은 의미기억처럼 절차적 기억 역시 굳이 그 기억을 형성한 장소나 시간을 기억하지 않아도 된다. 예를 들어, 자전거를 어렸을 때 배웠다고 하자. 자전거 타는 법을 학습하는 이유는 자전거를 타기 위해서이고 절차적 학습과 기억 시스템을 이용해서 자전거를 배우면 그만이다. 굳이 내가 자전거를 타는 법을 배울 때 누가 나를 도와줬고 언제 그랬는지 그런 일화 혹은 사건을 기억할 필요는 없다. 그러나 해마의 일화기억 형성은 자동적이기 때문에 내가 조절할 수 있는 것은 아니라고 이미 설명했다. 따라서 자전거를 탈 수 있는 대부분 사람들은 어렸을 때 엄마나 아빠가 뒤에서 자전거를 잡아주면서 가르쳐준 추억을 일화기억으로 가지고 있을 것이다. 이것은 해마의 역할이다.

해마가 손상을 입어 기능을 못하더라도 자전거를 타는 기억을 담당하는 뇌의 시스템은 잘 작동하므로 자신은 자전거를 잘 탈 수 있을 것이다. 하지만 내게 자전거 타는 법을 가르쳐준 사람이 누구인지, 그리고 언제 어디서 자전거를 타는 법을 배웠는지 기억하지 못한다. 제이슨 본^{Jason}

제이슨 본^{Jason}

Bourne이라는 가상의 특수 부대 요원이 주인공으로 나오는 유명한 영화 시리즈를 보면 주인공은 특수 훈련을 받아 살인 병기에 가까운 무술 능력과 무기 사용 능력을 보이지만 자신이 이를 어디에서 배웠는지 기억하지 못한다. 일화기억을 인출하는 시스템은 망가지고 절차적 기억만 남은 뇌를 지니게 된 것이다. 다만 영화의 재미를 위해 제이슨 본은 새로운 일화기억 형성 능력은 건재한 것으로 그려진다. 실제로는 해마를 다치면 새로운 일화기억 형성이 불가능하다.

영화가 아니더라도 실제 해마가 손상된 KC라는 머리글자를 쓰는 환자의 예도 뇌의 서로 다른 학습과 기억 시스템이 얼마나 서로 다른 일을 하고 있는지 보여주며, 해마의 일화기억의 소중함을 알려준다. 앞서 일화기억을 설명할 때 등장했던 툴빙 박사가 KC라는 환자를 인터뷰한 영상을 유튜브에서 누구나 볼 수 있다.[24] KC는 자동차 정비공이었다. 그런데 교통사고로 해마를 다쳤다. 유튜브 영상의 인터뷰 장면 중 툴빙 박사가 자동차의 펑크 난 타이어를 교체하는 절차에 대해 설명해달라고 요청한다. KC는 이 절차를 매우 자세하게 전문가 수준으로 설명한다. 그런데 툴빙 박사가 "그런데 당신은 타이어를 교체하는 법을 어떻게 그렇게 자세히 알고 있나요?"라고 물으면 "글쎄요… 그냥 아는 것 같아요"라고 답한다. 상당히 복잡한 모든 절차를 다 기억하면서도 어디서 누구에게 배웠는지 등 자신의 정신세계를 풍부하게 할 수 있는 에피소드는 전혀 기억이 안 나는 것이다. 영화에 나오는 제이슨 본과 같은 인생을 사는 사람들이 실제로 존재한다고 말할 수 있다.

해마의 기억을
100퍼센트 신뢰하지 말라

해마의 일화기억은 사진이 아니다

지금까지 해마의 일화기억을 설명하면서 마치 과거에 벌어진 사건을 카메라로 사진 찍거나 동영상으로 찍어 나중에 보는 것과 같은 비유를 많이 했다. 하지만 이러한 비유는 엄밀히 말하면 틀리다. 뇌가 기계와 다른 점이다. 해마는 효율성을 추구하기에 "이 정도면 쓸만하다" 하는 정도까지만 기능을 구현하고 불필요할 정도로 자세한 정보를 모두 기억하지 않는다. 인공지능이 탑재된 지금의 컴퓨터의 물체 재인 시스템은 특정 물체의 모든 속성을 분석해서 그 물체를 알아보지만, 이를 위해 엄청난 에너지를 사용한다. 뇌는 이렇게 비효율적으로 작동하면 개체의 생존이 위험해진다. 해마는 내 앞에서 계속해서 벌어지는 특정한 사건을 시간 순서대로 특정 공간 및 사물과 연합시켜 하나의 일화기억으로 저장해야 한다고 설명했다. 학자들 중에는 이러한 해마의 기능을 쉽게 설명하기 위해, 마치 영화 〈메멘토〉의 주인공이 사건을 기억하기 위해 폴라로이드 즉석 카메라로 스냅숏snapshot을 찍는 것에 비유하여 해마의 기억을 '스냅숏 기억snapshot memory'이라고 부르는 사람들도 있다.

하지만 우리의 기억은 사진과 엄연히 다르다. 해마의 기억이 사진이나 동영상과 다른 점은 모든 것을 정보로 저장하지 않기에 불완전하다는 것이다. 이처럼 해마 기억이 불완전하므로 일상생활에서 겪는 에피소드들이 꽤 있다. 예를 들면, 서로 다른 장소나 사건을 기억의 불완전한 특성 때문에 헷갈리는 것이다. '데자뷔déjà vu' 현상도 이와 비슷하다. 어딘가를 가거나 어떤 사건을 접할 때 처음 가보는 장소이거나 처음 겪는 일임에도 불구하고 마치 내가 예전에 가봤던 장소처럼 느껴지거나 겪었던 일처럼 느껴지는 현상을 데자뷔라고 한다. 또, 동창회 등에서 친구들과 예전 사건을 떠올리면서 특정 인물을 어디서 만났는지 혹은 특정 사건이 언제 어디서 벌어졌는지에 대한 기억들이 서로 달라서 논쟁 아닌 논쟁을 벌인 경험이 있을 것이다. 자신의 기억은 너무도 확고한데 다른 사람들이 자신이 기억하고 있는 내용의 오류를 지적하면 도저히 이해가 가지 않는 것이다. 이때 대부분 사람들은 내 일화기억이 틀렸다고 생각하기보다는 다른 사람의 기억에 오류가 있다고 생각하기 쉽다. 자신의 기억을 믿지 못하면 일상생활이 어려우므로 어떻게 보면 자연스러운 현상일 것 같다.

이런 일은 왜 벌어질까? 자신의 눈앞에서 매 순간 얼마나 많은 일이 벌어지는지 한번 생각해보자. 뇌는 거의 쉴 틈이 없이 사물을 보고 사건을 경험한다. 해마가 우리 뇌의 '기록관'이라고 비유하긴 했지만, 이 모든 것을 다 하나도 빠짐없이 기록한다면 곧 저장 공간이 바닥날 것이다. 그리고 설사 다 기록했다고 하더라도 필요한 기억을 빨리 찾기도 매우 어려워질 것이다. 스마트폰으로 사진을 많이 찍을수록 훗날 원하는 사진을 찾는 것이 어려운 것처럼 말이다. 해마의 딜레마는 바로 이것이다. 즉, 눈앞에서 순간적으로 벌어지는 찰나의 장면을 기억으로 부여잡아야 한다. 순간적으로 핵심 정보를 포착해야 하는 것이다. 이처럼 속도가 중요하기 때문에 모든 정보를 다 기억에 담는 것은 포기해

불완전한 기억과 기억의 재구성

야 한다. 가장 핵심이 되는 내용만을 기억에 남기도록 학습
해야 한다. 위의 그림에 나타난 바와 같이 내 앞에 놓인 동
그랗고 예쁜 하얀 접시가 실제로 뇌의 기억 속에는 깨진 접
시처럼 일부분만이 기억되어 있는 것과 비슷하다. 뇌는 기
억 속에 기록된 이처럼 불완전한 정보를 어떻게 복원할까?
어떻게 사람을 비롯한 동물은 마치 모든 것을 잘 기억하는
것처럼 일상생활을 해나갈 수 있을까?

일화기억은 리메이크된다
뇌인지과학적 연구를 통해 지금까지 밝혀진 바에 따르면,

뇌는 다시 기억을 꺼내는 과정에서 앞의 그림 속 깨진 접시의 빈 곳을 그럴듯하게 메꾸는 전략을 취함으로써 마치 모든 것을 기억하고 있다고 착각하게 만든다. 즉 없는 정보를 현재 있는 정보를 바탕으로 '유추inference'해낸다. 뇌의 신경망은 이처럼 '빈 곳 채워 넣기'를 너무도 자연스럽게 하므로 우리는 거의 이를 느끼지 못한다. 교통사고를 목격한 목격자에게 당시의 상황을 설명해보라고 하면, 분명 순간적으로 일어난 일이기 때문에 모든 것을 보지 못했을 것이 분명한데 마치 모든 정보를 카메라로 찍은 것처럼 상세하게 설명하는 것을 영화 등에서 봤을 것이다. 이 중 상당 부분의 기억은 뇌가 그럴듯한 이야기를 전달하기 위해 자신의 경험을 활용해서 채워 넣은 것이라고 보면 된다.

　마치 한 편의 영화를 만들 때도 촬영 감독은 장면을 찍는 데 특화되어 있지만, 편집 감독은 이 장면들을 편집해서 이야기 전체가 잘 전달되도록 하는 것과 비슷하다. 해마가 이처럼 불완전한 일화기억을 인출하면서 불완전한 부분을 다시 완전하게 복원하는 것을 기억의 '재구성reconstruction'이라고 부른다. 즉, 우리의 기억은 사진처럼 찍은 상태 그대로 다시 꺼내 보는 것이 아니라 꺼낼 때 다시 퍼즐처럼 짜

맞춰서 재구성해야만 의미가 있는 그런 정보이다.

　기억이 재구성되는 과정은 마치 영화의 편집 과정처럼 창의성creativity이 필요한 영역이다. 옛날 노래를 요즘 가수가 재해석해서 다시 부른 '리메이크remake'한 노래처럼 일화기억을 다시 불러들일 때는 재해석과 재구성이 이루어지는 것이다. 재구성 과정에서 누락된 정보가 너무 많아지면 마치 자신이 실제 본 것은 네모 접시였는데 기억을 인출하는 과정에서 동그란 접시가 될 수도 있는 것과 같다. 이런 일은 특히 너무 순간적으로 벌어져서 충분히 학습할 시간과 기회가 없었던 일을 기억해야 하거나 너무 오래된 사건을 떠올릴 때 자주 발생한다. 앞서 말한 바와 같이, 해마는 상상력을 발휘해서 경험하지 않은 장면이나 사건을 상상해낼 때도 중요한 역할을 하므로, 기억과 상상은 사실 종이한 장 차이라는 생각이다. 일화기억을 자주 매끄럽게 인출하는 사람들이 동창회나 모임에서 재미있는 이야기꾼으로 통하지만, 이들은 사실은 상상력도 매우 뛰어나다고 봐도 될 듯하다. 일화기억의 재구성이 반드시 좋은 것은 아니다. 만약 법정에서 자신의 일화기억을 토대로 증언을 할 때, 자신의 잘못 재구성된 기억으로 인해서 죄 없는 사람이 감옥에 갈 수도 있기 때문이다. 특히, 미국의 법정과 같이 배심 원들이 판결에 영향을 미치는 시스템에서는 이런 문제가 더 심각하게 생길 수 있다. 미국에서 목격자의 일화기억을 어디까지 법정이 신뢰해야 하는가에 대한 논의가 끊이지 않고 벌어지고 있는 이유이기도 하다.[25]

일화기억의 재구성 시 상상력을 많이 발휘해야 하는 상황, 즉 기억 속 빈 곳을 많이 채워 넣어야 하는 상황은 언제 발생할까? 일단, 일화기억을 형성한 시점으로부터 많은 시간이 지나면 기억의 파편들만 남고 많은 부분이 흐려져 있을 것이다. 시간이 많이 흘렀다고 해서 일화기억이 항상 흐릿한 것은 아니며 흘러간 그 시간들 속에서 자주 해당 기억을 꺼내 보았다면 세월이 아무리 흘러도 또렷할 것이다. 기억은 신경망 속의 뉴런 간의 커뮤니케이션 패턴이라고 앞에서 설명했고, 이 패턴은 자주 활성화시키면 오랫동안 유지된다. 반대로 자주 활성화를 시켜주지 않으면 서서히 패턴이 사라질 것이다. 그래서 자주 쓰면 쓸수록 기억은 처음 그대로 오래 남는 것이다.

또 기억의 재구성이 요구될 때가 있다. 바로 자신의 기억 속에 비슷비슷한 내용의 기억들이 같이 저장되어 있을 때이다. 혹은 자신의 기억 속 내용과 비슷한 자극이 눈앞에 나타났을 때이다. 예를 하나 들어보자. 요즘 대형 쇼핑몰이나 대형 아웃렛이 많이 생겼다. 이런 대형 쇼핑몰이나 백화점의 내부는 대개 다 비슷하게 생겼다. 어느 쇼핑몰을 가도 마치 한 사람이 디자인한 것처럼 느껴진다. 어쩌면 건축가나 인테리어 디자이너의 눈에는 다르게 보일지 모르겠으나 적어도 일반인들에게는 비슷하게 보인다. 이런 환경에서는 정확한 일화기억을 꺼내 보기가 쉽지 않다. 만약 자신이 친구에게 "여기 저번에 같이 왔던 거기 아니야?"라고 물으면 친구가 "여기는 거기 아니야!"라고 말할 수도 있다. 뇌로 들어가는 비슷한 자극 패턴이 이곳과 상관없지만 비슷하게 생겼던 다른 곳의 기억에 할당된 신경망의 패턴을 활성화시켜 착각하게 만드는 것이다. 데자뷔 현상도 이와 비슷하다. 이런 비슷비슷한 자극들이 너무 주변에 많으면 점점 자신의 기억에 자신이 없어질 것이다. 이것은 신경망의 활성패턴을 통해 정보를 저장하는 뇌의 단점이라면 단점이다. 이런 뇌의 속성을 잘 알고 너무 기억을 신뢰하지 않는 것이 좋을 때도 있음을 '기억'해야 한다.

해마의 일화기억뿐 아니라 뇌의 일반적인 기억이 100퍼센트 정확하기 어려운 이유는 인간을 비롯한 동물은 시시각각 변화하는 자연환경 속에서 생활하기 때문이기도 하다. 우리 주변의 사물과 경관은 해가 졌을 때, 해가 떴을 때, 석양이 질 때 등 다양한 빛의 향연을 반영하며 우리의 뇌에 물리학적으로 보자면 매우 다른 광자극을 전달한다. 하지만 우리의 뇌가 같은 나무를 조명이 달라진다고 해서 매번 다른 나무로 본다면 문제가 생기기 시작할 것이다. 즉, 우리의 뇌는 조금씩 조금씩 매번 다르게 보이는 자극이 자신의 기억 속 정보와 얼마나 다른지 끊임없이 비교하고, 그결과 차이가 그다지 크지 않으면 자신의 기억 속에 있는 물체나 장소에 대한 정보와 동일시하는 전략을 취한다. 이러한 정보처리 방식을 일반화generalization라고 한다. 친구가 어제까지 생머리를 하고 있다가 오늘 파마머리를 하고 왔다고 해서 친구를 못 알아보는 사람은 별로 없는 것도 바로 이런 이유다.

즉, 뇌는 자연에서 오는 자극을 그대로 받아들이지 않고 이를 '재해석'해서 받아들이며 이때 학습을 통해 얻은 경험은 자극의 의미 해석에 중요한 단서로 쓰인다. 경험에 의해 뇌가 해석을 완전히 다르게 하면 같은 자극에 대해서도 매우 다른 의미 부여가 가능하다는 말이다. 이를 아주 잘 드러낸 사건이 2015년 '파검 vs. 흰금' 논란이었다. 사진 속의 줄무늬 드레스가 흰 바탕색에 금빛 줄무늬를 띄고 있다고 하는 소위 '흰금'파의 사람들이 있는가 하면, 같은 사진을 보고도 파란 배경색에 검은색 줄무늬가 있다고 하는 소위 '파검'파의 사람들이 있음을 세상은 깨닫게 됐다.[26] 해당 논란은 물체를 알아보는 우리 뇌의 감각sensation 및 지각 perception 시스템 작동 방식의 개인차에 의해 발생한 것이지만, 학습과 기억 시스템에서 기억 속의 정보를 꺼낼 때 역시 재해석 과정에서 이러한 개인차가 나타날 수 있는 것이다. 즉, 우리 뇌의 모든 정보처리 시스템은 기본적인 구조는 비슷하지만, 그 구조가 정확히 어떤 정보처리를 할지에 대해서는 마치 컴퓨터의 프로그램처럼 세세하게 규정되어 있지 않다. 이를 규정하는 것은 태어나면서부터 즉시 시작되는 발달 과정에서의 경험적 학습이다.

애매한 외부 환경의 자극과 정보를 뇌가 기억에 비추어 재해석하는 과정에서 일어날 수 있는 일은 두 가지로 요약

된다. 자신의 기억 속 내용과 같은 것이라고 보고 그냥 이미 경험한 것이라고 해석하는 방법과 기억 속에 있지 않거나 기억 속 내용과 다르다고 보고 새롭게 학습을 해서 기존의 기억과 구별되는 새로운 기억을 만들어내는 방법이다. 앞서 말했듯이 기억은 신경망을 구성하는 뉴런들이 만드는 활성패턴으로 구현되므로, 뇌인지과학에서는 전자를 '패턴완성pattern completion'이라고 부르고 후자를 '패턴분리 pattern separation'라고 부른다. 현재 내가 경험하고 있는 자극이나 사건을 알아보는 방법의 차이다. 즉, 기존의 기억 신경망 패턴을 완성하여 이미 경험한 것으로 알아볼 것인가, 아니면 기존 기억 신경망 패턴과 분리하여 새로운 패턴을 형성할 것인가의 갈림길에 뇌는 항상 서 있다. 둘 다 선택하거나 둘 중 어느 것도 선택하지 않는 것은 불가능하다. 생존의 현장에서는 왼쪽으로 가거나 오른쪽으로 가거나 둘 중 하나를 선택해야 하며 하나의 몸을 가진 생명체가 양쪽으로 몸을 동시에 움직이는 운동을 하는 것은 불가능하기 때문이다. 누군가를 만나면 애매하게 '80퍼센트 정도는 내가 아는 사람 같은데, 20퍼센트 정도는 내가 모르는 사람인 것 같으니, 80 대 20의 행동반응을 하자'고 결정할 수 없다는 것이다.

개인별로 발달 과정에서 어떤 경험을 했는가에 따라 이 패턴완성과 패턴구별의 균형이 한쪽으로 치우칠 가능성은 충분히 있다. 패턴완성형 학습이 자신에게 큰 도움이 되었던 경험을 한 사람은 어떻게든 패턴완성형 정보처리를 할 가능성이 클 것이다. 연륜이 있고 경험이 많은 어르신들이나 한 조직에서 오랫동안 있으며 많은 경험을 한 간부급 직원은 젊은 사람이나 경험이 별로 없는 사람의 눈에는 분명 다르게 보이는 사건도 비슷한 것으로 패턴완성형 정보처리를 할 수 있을 것이다. "다 똑같은 거야" "다 그게 그거야" 이런 말을 자주 하는 사람들에 해당할 듯하다. 이런 패턴완성형 인간은 세상을 안정적으로 보게 된다. 그다지 새로운 것이 별로 없고 다 본인의 경험에 이미 있는 일들이라고 보기 때문이다. 그러나 이런 패턴완성이 지나쳐 균형이 무너지면 문제다. 즉 진짜 새로운 것이 나타나도 계속 이전의 기억과 같다고 하다가 대가를 치른다는 것이다. 머리가 너무 짧은 사람의 뒷모습을 보고 친구인 줄 알고 툭 쳤다, 그런데 다른 사람일 수 있다. 동물의 경우 충분히 이전 기억과 다른 장소인데 비슷한 장소라고 생각하고 들어갔다가 봉변을 당할 수도 있다. 앞에서 예로 든 PTSD 환자의 경우도 트라우마를 겪은 사건과 분명 다른 사건인데도 뇌가 자기방어를 위해 무조건 비슷하다고 보게 되면 생활이 어려워진다.

반대의 경우, 즉 패턴분리가 잘 되면 새로운 것을 새롭게 알아보는 능력은 문제가 없을 것이다. 하지만 패턴분리가 지나치면 문제가 된다. 즉, 내 기억 속의 정보와 조금만 달라도 새로운 것이라고 생각하고 새롭게 학습을 하는 데 에너지를 쏟는 사람은 끝없이 변화하는 환경 속에서 끊임없이 학습해야만 하고 과거의 경험을 그다지 활용하지 못한다. 친구가 조금만 외모를 달리 꾸미고 와도 새로운 사람으로 인식해야 한다면 어떨까? 마치 비슷한 몸무게의 두 사람이 놀이터의 시소에 앉아 있어야 시소의 균형이 잡히듯이 이처럼 패턴완성과 패턴분리는 균형 잡힌 모습으로 있어야 뇌가 적응적인 학습과 기억을 할 수 있다. 패턴완성과 패턴분리 중 어느 한쪽으로 치우친 비정상적인 뇌를 소유한 사람의 행동은 환경의 변화에 대해 그다지 적응적인 모습으로 보이지 않을 것이다.

한 가지 명심할 것은 패턴완성과 패턴분리는 '애매한'

상황에서 주로 발생한다는 것이다. 변화가 거의 없고 모든 것이 기억 속의 콘텐츠와 완벽하게 매칭이 이루어지는 안정적인 환경에서 살게 되면 애매한 자극이나 애매한 사건은 잘 발생하지 않으므로 패턴완성과 패턴분리 사이에서 갈등할 이유는 그렇게 많지 않다. 지금의 빅데이터 기반 기계학습 알고리즘을 탑재한 인공지능이 이런 케이스에 속한다고 할 수 있다. 하지만 생물학적 뇌는 너무도 변화가 많고 새로운 것과 오래된 것들이 어떤 조합으로 내 앞에 펼쳐질지 예측하기 어려운 환경에서 적응하며 생존해야 하는 동물에 탑재되어 있다. 이런 숙명으로 인해 평생을 패턴의 완성과 분리 사이에서 고민하며 결정해야 한다.

내 머릿속의 지도

해마, 지도 제작의 달인

해마는 내가 있는 장소와 그 장소가 속해 있는 주변 공간에 대한 지도를 기억으로 담고 있다고 알려져 왔다.[27] 해마에 있는 지도를 '인지 지도cognitive map'라고 부른다. 지도라고 하면 대개는 여행지에 갔을 때 나눠주는 관광 안내 책자에 있는 관광 지도나 컴퓨터나 차량 내비게이션에 나오는 지도를 연상할 것이다. 이것은 어떻게 보면 좁은 의미에서의 '지도'이고 더 넓은 의미에서 영어로 지도를 뜻하는 맵map이란 개별적 정보들 사이의 관계를 한눈에 볼 수 있도록 부호화해놓은 것이라고 볼 수 있다. 우리가 아는 관광 지도에는 해당 영역의 모든 건물과 주요 시설들이 공간적으로 얼마나 떨어져 있는지와 서로 어느 방향에 있는지에 대한 거리와 방향의 관계들이 정보화되어 있다. 하지만, 이런 것만 꼭 지도는 아니며 가족들 간의 관계를 표시한 '가계도' 역시 지도에 해당하고, 나의 SNS 친구들 간의 친한 정도를 지도로 만들 수도 있는 등 지도에는 매우 다양한 종류가 있다. 해마는 개별적으로 따로 떨어져 서로의 관련성을 알 수 없는 정보들을 서로 연결시켜 하나의 지도로 만들어 저장하는 역할을 맡고 있다는 것이 현대 뇌인지과학에서 정설로 받아들여지고 있다.

해마는 기억을 왜 지도의 형태로 만들고 저장할까? 우선 우리가 일상생활에서 지도를 어디에 사용하는지 생각해보자. 지도를 왜 필요로 할까? 모르는 길을 떠날 때 우리는 항상 지도를 먼저 보고 어떻게 그곳까지 이동해야 하는지 파악하고자 한다. 또 목적지까지 가다가 길이 막히면 지도를 보고 어떻게 돌아갈 수 있는지 보고 우회한다. 놀이동산에 가면 지도를 보고 어떤 순서로 놀이 기구를 이용할지 계획을 세우기도 하고, 쇼핑몰에 가면 지도를 보고 자신이 가고자 하는 가게에 가려면 어떻게 이동해야 하는지 파악하기도 한다. 이처럼 지도 자체에는 어떤 식으로 지도를 사

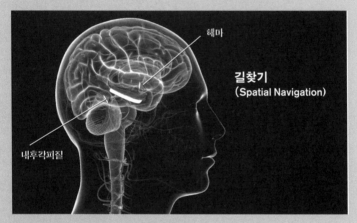

해마

길찾기
(Spatial Navigation)

내후각피질

바깥 세상의 정보를 해마에 전달하는 내후각피질

용하라는 지시사항이 쓰여 있지 않지만, 우리는 지도를 보며 매우 다양한 정보를 얻어낼 수 있고 창의적으로 지도를 활용할 수 있다. 또, 지도를 소유하고 있으면 행동 선택이나 의사결정decision making을 할 때 예상치 못한 일이 일어나도 침착하고 유연하게 대처할 수 있다.

해마 학습 시스템에서 지도를 만들고 이를 활용하는 데 가장 중요한 두 영역을 꼽으라면 물론 해마 자신과 이 해마에 바깥세상에서 일어나는 일을 알려주는 역할을 하는 내후각피질entorhinal cortex이라고 불리는 영역이다. 외부 환경으로부터 우리의 눈, 코, 입과 같은 감각기관들을 통해 들어오는 정보는 감각 및 지각 영역들을 먼저 거치면서 처리되고 정보처리의 뒤쪽 단계로 갈수록 시각, 후각, 청각 등 서로 다른 종류의 감각들이 연합되어 처리된다. 이러한 연합이 최고조에 달하는 영역이 바로 내후각피질이라고 보면 된다. 내후각피질은 해마의 뉴런에 직접적으로 외부 세계에서 어떤 일이 일어나고 있는지를 알려주므로, 해마는 내후각피질을 통해서 비로소 바깥세상을 경험할 수 있다. 뇌인지과학자들은 쥐가 공간을 돌아다닐 때 해마와 내후각피질의 뉴런들의 활동을 모니터링했다. 그 결과 상당히 놀

라운 현상을 발견했고, 이는 2014년 노벨 생리의학상으로
이어졌다.

노벨상을 안겨준 장소세포와 격자세포의 발견

2014년의 노벨 생리의학상은 존 오키프John O'Keefe, 메이브
릿 모저May-Britt Moser, 에드바드 모저Edvard I. Moser 세 명의 과학
자들에게 돌아갔다(오키프는 미국에서 대학을 나온 미국인인데
특이하게 영국에서 학자로서 평생 연구를 하며 지냈다. 메이브릿 모
저와 에드바르 모저는 2014년 노벨상 수상 당시에는 부부였으나 지
금은 이혼한 상태이다). 우선, 오키프는 해마에서 '장소세포
place cell'를 발견한 공을 인정받아 노벨상을 수상했다. 오키
프는 장소세포의 발견 당시 실험실 내의 공간을 돌아다니
는 쥐의 해마에 있는 뉴런이 언제 활동하는지 전기생리학
electrophysiology이라는 연구 방법을 사용해서 모니터링하고 있
었다. 전기생리학이란 뉴런의 신호전달이 기본적으로 전
기적 속성을 띄고 있는 점에 착안하여 뉴런이 활성전위
action potential라고 부르는 전기신호를 낼 때 이를 전극electrode
이라고 부르는 머리카락처럼 가느다란 금속으로 된 전선
을 내려서 측정한다. 뉴런이 활동하면 마치 용접할 때 불꽃

이 튀는 것처럼 스파이크^{spike}라고 불리는 전기신호가 컴퓨터에 기록되고 스피커를 통해 마치 프라이팬에 콩을 볶는 듯한 소리도 들을 수 있다.

오키프가 잘 관찰해보니 해마의 뉴런은 쥐가 공간상의 특정한 위치를 방문할 때만 활동하고 그 특정 공간에서 벗어나면 활동하지 않았다. 오키프는 이처럼 해마의 서로 다른 뉴런들은 공간상에서 선호하는 장소들이 다르고 마치 이 뉴런들의 활성패턴을 모두 한데 모아서 그리면 그 공간의 지도가 만들어질 수 있다고 생각했다. 마치 1948년 유명한 심리학자인 에드워드 톨만^{Edward Tolman}이 「쥐와 사람의 인지 지도^{Ccognitive maps in rats and men}」라는 논문에서 주장한 것과 같이 공간의 인지적 지도가 해마에 있다는 생각을 한 것이다. 오키프는 해마의 뉴런이 장소를 주된 정보로 코딩하고 있다는 이유로 해마의 뉴런들을 '장소세포'라고 불렀고, 1971년 이를 처음 발표한 논문[28]이 나온 뒤 약 40년이 지나 이 발견으로 노벨상을 타게 된다.[29]

그렇다면 이 장소세포는 어떻게 자신이 공간상의 특정 위치에 있다는 것을 알 수 있을까? 이것은 아직 뇌인지과학의 미스터리로 남아 있어 전 세계의 과학자들이 열심히 연구하고 있다. 에드바드 모저와 메이브릿 모저 두 뇌인지 과학자는 이러한 미스터리를 푸는 데 실마리를 제공한 공을 인정받아 오키프와 함께 노벨상을 공동 수상했다. 오키프가 장소세포를 발견했다면, 메이브릿 모저와 에드바드 모저는 '격자세포grid cell'라는 뉴런을 내후각피질에서 발견했다. 격자란 쉽게 말해 바둑판이나 모눈종이처럼 일정하게 눈금이 매겨진 공간이라고 보면 된다. 오키프와 마찬가지로 쥐가 공간을 돌아다닐 때 내후각피질 뉴런의 활동패턴을 측정해보니, 다음 그림처럼 뉴런이 마치 모눈종이의 x축과 y축 선이 서로 만나는 교차점에서만 활동하는 것이 관찰되었다. 격자세포의 활동패턴을 보면, 해마 장소세포가 공간 내의 한 지점에서만 정갈하게 활동하는 것에 비해서 상당히 복잡한 활동패턴을 보이는 것처럼 생각될 수도 있다. 두 과학자는 이 활동패턴이 나오려면 격자세포가 쥐가 움직인 거리 및 움직임의 방향 두 가지 정보를 계속해서 모니터링하고 있어야 한다는 점을 알아냈다. 즉, 30센티미터 걸었을 때마다 활동하고, 방향을 틀 때는 60도 각도로 틀어 다시 30센티미터를 이동할 때마다 다시 활동하는 식의 규칙을 따르는 세포라면 이런 식으로 공간상에서 활동

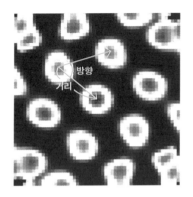

격자세포 ⓒKhardcastle

할 수 있다는 것이다.

그럼 격자세포의 활동패턴이 어떻게 해마의 장소세포
가 공간상의 특정한 한 위치에서만 활동하는 것을 설명할
수 있을까? 아직 완벽히 설명하지는 못하지만, 단서를 제
공한다고 보면 될 것 같다. 격자세포의 활동으로 인해 뇌는
특정 공간의 규격을 알 수 있고, 마치 모눈종이 위에서 특
정 지점의 위치를 xy 좌표로 표시할 수 있듯이 동물의 위치
를 부호화할 수 있는 규칙을 갖게 된다고 과학자들은 믿고
있다. 신기하게도 격자세포에 따라 공간을 얼마나 촘촘하
게 분할하는지 그 정도가 다르다. 즉 같은 공간에서도 어떤

격자세포는 공간을 듬성듬성한 격자를 사용해서 분할하고, 다른 격자세포는 매우 촘촘한 그물처럼 모눈종이의 세밀한 칸들을 써서 공간을 분할한다. 이처럼 다른 해상도를 지닌 격자세포들의 정보를 취합하여 장소세포가 하나의 위치를 표상하는 위치 계산이 가능하다는 것이 노벨상을 받을 당시 모저 부부의 설명이었다. 이 주장은 이후 실험적 증거에 의해 입증되지 못했으나 이를 대체할 만한 가설이 현재는 없는 상황이다.

격자세포가 활성화되는 방식으로 실제로 방식을 활용해서 우리가 공간 내에서 길을 찾는 일이 있을까? 정답은 '그렇다'이다. 대개 길을 찾을 때 주변에 시각적으로 참고할 만한 정보가 많이 보이면 사실 이런 식의 길 찾기는 별로 필요가 없다. 예를 들어, 서울 시내와 같이 특징적인 빌딩들과 남산 타워 등 소위 랜드마크landmark로 삼을 만한 독특한 시각 자극이 존재하면 해마는 우선적으로 이런 시각적 랜드마크를 활용하는 것으로 잘 알려져 있다. 하지만 다른 상황을 생각해보자. 이런 시각적 주변 경관이나 랜드마크가 전혀 안 보이는 칠흑같이 어두운 밤에 산속에서 길을 찾거나, 사막과 같이 어디를 둘러봐도 모래뿐인 곳에서 길을 찾으려면 어떤 식으로 공간을 움직여야 할까? 집 안에 있는데 갑자기 밤에 정전이 되고서 깜깜해져서 초를 켜기 위해 초를 놔둔 부엌으로 이동하는 자신을 생각해보자. 이럴 때 우리 뇌는 주변에 보이는 것이 없기 때문에 내 몸의 움직임에 매우 민감해진다. 즉, 자신이 몇 발짝을 걸었는지 그리고 어느 방향으로 몸을 틀었는지 등 신체 내부에서 나오는 운동 신호에 촉각을 곤두세우게 된다. 그리고, 뇌는 계속해서 그 모든 정보를 모아 현재의 위치를 계산한다.

이런 방식의 계산 방식을 통해 자신의 위치를 알아내는 것을 '경로통합path integration'을 이용한 장소 파악 혹은 길 찾기라고 부른다. 경로통합은 단거리에서는 쓸 만하지만 시작점으로부터 점점 멀어질수록 계산의 오류가 커지는 단점이 있어서 중장거리를 찾아갈 때는 그다지 쓸모 있는 전략은 아니다. 정전이 되어서 집안을 매우 천천히 돌아다니면서 자신이 부엌에 있다고 생각했는데 불이 켜진 뒤 보니 부엌이 아니라 부엌 옆의 화장실 근처에 있는 것을 발견하는 이유도 바로 이런 경로통합식 길 찾기의 단점 때문이다. 경로통합을 기본 바탕에 깔고 이보다 더 중요한 시각 정보를 이용해서 정확한 위치를 해마가 코딩해야 비로소 우리는 정확한 길 찾기를 할 수 있다는 것이 현재 뇌인지과학에서의 정설이다.

장소세포, 가상현실, 메타버스

이런 연구가 뭐가 그렇게 중요해서 노벨상을 탔을까? 물론 해마 및 그와 연결된 신경망들이 망가지는 치매 등의 뇌질환에 걸리면 길 찾기가 거의 불가능하고 생활이 안 되기 때문에 그런 질병에 대한 치료의 실마리를 제공했다고 의학적으로 생각할 수도 있다. 하지만, 그것은 부차적인 효과라고 생각한다. 노벨상이 주어진 더 큰 이유는 아마도 고대 철학자로부터 심리학자와 인문학자들이 매달렸던 문제에 대해 세포 수준의 생물학적이고 생리학적인 해답을 제시했기 때문이 아닐까 생각한다. 즉, 고대부터 공간space이란 무엇인지에 대해 치열한 철학적 논쟁이 있었다.

물리적 공간이라는 것이 실재하는가? 우리는 그 존재를 어떻게 확신할 수 있는가? 그 물리적 공간과 우리 머릿속의 인지적 공간은 어떤 차이가 있는가? 공간은 우리에게 왜 필요한가? 이런 질문들에 답하기 위해 아리스토텔레스, 아이작 뉴턴, 이마누엘 칸트, 조지 버클리 등 위대한 철학자들이 모두 나름대로 주장을 펼치며 치열하게 고민했고 아직까지 이러한 고민은 이어지고 있다. 해마 장소세포의 존재와 장소세포들로 이루어진 인지 지도가 실재한다는 것을 실험적으로 보인 것은 물리적 공간에 대응하는 정신적 공간이 뇌에 실재한다는 것을 보인 것으로 여러 학문 분야에 큰 영향을 미칠 수 있는 실로 대단한 발견이다. 그리고 격자세포들이 공간을 일정한 규격을 가진 작은 공간으로 쪼개서 좌표화한다는 것 역시 뇌가 공간을 어떻게 분석하고 표상하는지 알려주었다.

철학자들은 물리적 공간이란 것이 실제로 존재하는가에 대한 물음을 제기해 왔다. 예를 들어, 마치 영화 〈매트릭스〉에서처럼 우리가 우리 앞에 존재한다고 믿고 있는 공간이 우리 뇌에 특정한 활동을 초래할 가상의 데이터 주입을 통해서 만들어낸 것이고, 실제로는 우리 앞에 존재하지 않는다면 우리는 그 가설을 반박할 수 있을까? 아마 독자들 중에는 VR Virtual Reality이라고 불리는 가상현실상에서 이루어지는 게임을 해본 경험이 있는 분들이 있을 것이다. 굳이 VR용 고글을 쓰지 않더라도 컴퓨터로 하는 온라인 게임 중에 특정 장소에서 공간을 이동하며 적과 싸우거나 모험해야 하는 게임이 많이 있다. 이런 게임 속에 빠져들어 시간을 보내다 보면 마치 자신이 가상의 공간에 들어가서 살고 있는 것과 같은 착각에 빠지게 된다. 몇 번 돌아다녀 보면 그 공간의 지도를 머릿속에 그려 넣게 되고 이 지도를 이용해서 지름길로도 이동할 수 있다.

이것이 어떻게 가능할까? 이것은 가상의 공간은 실재하지 않지만, 우리 뇌가 인지 지도를 만들고 마치 진짜 공간인 것처럼 믿게 만들기에 가능한 일이고, 여기에는 해마의 기능이 결정적이다. 이를 과학적으로 증명하기 위해 해마의 장소세포가 가상현실상의 공간에서 특정 위치에 도달하면 활성화될 것인지 과학자들이 실험해보았다. 쥐가 몸이 고정된 채로 공중에 떠 있는 공을 굴려 자신의 앞에 파노라마 스크린처럼 펼쳐진 2차원적 평면 스크린에 보이는 가상현실 공간을 돌아다닐 때 해마의 장소세포 활동을 전기생리학적으로 측정하는 것이다. 놀랍게도 해마의 장소세포는 컴퓨터 화면이 제공하는 정보만을 활용하여 형성된 것이 틀림없는 가상공간의 인지 지도 내의 특정 위치에서만 활성화되는 것으로 확인되었다.

이러한 연구 결과가 시사하는 바는 우리가 특정 공간이

라는 것이 실재한다고 믿고 그 안에서 활동한다고 해서 물리적으로 그 공간이 있다고 보장할 수는 없다는 것이다. 즉 우리는 뇌가 믿으라고 하면 믿어야 하기 때문에 현실과 가상의 경계가 모호할 수 있다는 뜻이다. 철학자들의 고민은 근거가 없는 것이 아니었다. 실질적으로 돌아다닐 필요 없이 뇌가 공간으로 파악할 수 있는 조건만 맞으면 공간으로 인식되고, 마치 그 공간 안에 있는 것처럼 그 안을 인지적으로 돌아다닐 수 있는 것이다. 한편으로 영화에서처럼 무섭게 활용될 수도 있지만, 뇌의 이런 속성을 잘 이용하면 무궁무진한 활용 또한 가능하다.

가상현실을 기반으로 한 '메타버스metaverse'라는 개념 역시 뇌의 이런 속성을 활용하는 기술이라고 봐도 될 것이다. 마치 가상공간 속에서 일어나는 일들을 뇌가 현실처럼 느낄 수 있게 만드는 기술력을 확보하는 데 페이스북 서비스를 운영하는 메타 같은 대기업들이 많이 뛰어들고 있는 것도 미래에는 이러한 가상현실을 이용한 사회생활이나 업무, 교육, 서비스 등에 대한 수요가 폭증할 것이라고 예상하기 때문이다. 가상의 공간에서 여러 가지 사건을 겪고 사람들을 만나며 일화기억을 형성하는 해마의 활동은 미래에도 멈추지 않을 것이다. 아마 뇌가 이러한 가상현실에 익숙해지면 마치 온라인 게임에 한 번 빠지면 현실을 잊고 몇 시간씩이고 그 안에서 펼쳐지는 세계에 몰두하듯이 가상현실에 빠질 수 있을 것이다. 현실의 공간에서보다 오히려 가상공간에서 더 활발히 사는 미래의 인류도 영화 속에 자주 등장하는데, 이는 기술력만 받쳐준다면 충분히 일어날 수 있는 일이다.

Q 묻고 ── A 답하기

사람의 개인차에 따라 해마가 후천적
으로 다르게 발달할 수 있는가?

이 질문에 답하기에는 아직 뇌인지과학적 연구가
미진하다. 하지만 사람을 비롯한 동물을 대상으
로 해마의 기능을 측정해보면 개인차 혹은 개체차
가 뚜렷하게 보일 때가 많다. 공장에서 똑같이 찍
어낸 로봇들이 아니기 때문에 발달 과정에서 저마
다 축적한 다른 학습 경로와 경험들로 인해 서로
다른 사람의 뇌는 다르다. 특정 영역들의 기본적
인 기능은 다 동일하지만, 그 기능을 구현하는 효

율성이나 구체적인 방법에서 개인차가 있을 수 있을 것이다. 즉, 해마가 길 찾기 기능을 하는 것은 모든 동물이나 인간에게 공통된 현상이지만, 얼마나 길을 빨리 찾는가와 학습한 길을 얼마나 오래 기억하는지 등 세세한 면에서 개개인의 차이가 있을 수 있다. 이는 해마만 그런 것은 아니고 뇌의 감각과 지각을 다루는 영역들도 마찬가지고, 절차적 기억 시스템과 의사결정 시스템에 해당하는 거의 모든 영역에도 해당될 것이다. 각 영역에서의 조금씩의 차이가 모여 소위 '개성'이라는 것이 발현되는 것이므로, 뇌의 어느 한 영역에 국한해서 개인차를 설명하기는 쉽지 않을 듯하다. 중요한 것은 태어나서 후천적으로 학습하는 모든 경험이 신경망과 시냅스의 형성 및 발달에 영향을 미치고 이것이 쌓이면 같은 자극에도 다르게 반응하듯 개인차가 나타난다는 것이다. 그만큼 무엇을 경험하고 무엇을 학습하는가는 매우 중요하다. 특히 어린 시절의 뇌가 무엇을 학습하는지는 매우 중요하다고 할 수 있겠다.

해마의 개인차와 관련해서 한 가지 재밌는 연구가 있어 소개할까 한다. 해마 연구 중에 영국의 택시 운전사들을 연구한 것이 있다.[30] 해마가 후천적으로 얼마나 달라질 수 있는지 엿볼 수 있는 연구다. 영국 런던의 지도를 보면 바둑판처럼 되어 있는 계획된 도시의 길과 아주 다르다. 옛날에 마차가 다니던 길이었기 때문에 길들이 구불구불하고 매우 복잡하다. 이런 곳에서 택시를 운전하려면 정말 길을 잘 알고 있어야 한다. 영국의 택시 운전사는 이처럼 복잡한 도시의 지도를 머릿속에 완전히 넣고 있어야만 택시 운전사 자격증을 딸 수가 있다고 한다. 런던 택시 운전사들의 뇌를 MRI 기술을 이용해서 찍어봤더니, 택시 운전을 하지 않는 일반인들에 비해 해마가 비정상적으로 크다는 결과가 나왔다. 피아니스트처럼 악기를 연주하는 사람들은 손가락을 움직이는 데 중요한 운동피질motor cortex의 신경망이 자세하고 폭넓게 발달하듯이 뇌도 특정 부위를 많이 쓰면 쓸수록 그 부분이 집중적으로 발달하게 되는 원리로 보면 되겠다. 이런 연구를 볼 때, 후천적으로 무엇을 경험하고 학습하고 노력하느냐가 상당히 중요하다고 할 수 있다.

해마가 한 번 손상되면 다시 회복하는
게 불가능한가?

불가능하다. 이것은 해마에만 해당하는 것이 아니고 일반적으로 뇌세포는 한 번 죽으면 그 세포를 대체할 세포가 다시 생겨나지 않는다. 물론 매우 제한적으로, 새로운 세포가 계속해서 생겨나는 영역이 발견되긴 한다. 그중 한 곳이 해마의 하위 영역 중 하나인 치아이랑dentate gyrus이라는 영역이다. 적어도 설치류에서 확인된 바로는 그렇다. 그러나 새로운 세포가 태어난다고 해서 기존에 사멸된 세포가 가지고 있던 기억을 대체할 수 있는 것은 아니므로, 세포가 계속 태어나면 다른 세포는 죽어도 된다는 식으로 단순하게 받아들이면 곤란

하다. 이처럼 세포가 다시 태어나는 영역은 뇌에서 극소수이고 대부분 뇌세포는 한번 사멸하면 대체 불가능하다. 그래서 우리의 뇌는 소중하다.

4부_____

뇌 속
기억의
비밀을

모두
알게

된다면?

뇌의 작동 원리를 완전히 알아낸다면 어떤 일이 일어날까? 영화에서처럼 누군가의 기억과 경험을 조작하는 위험한 일이 생길까? 혹은 이미 신경망이 손상된 사람들이나 PTSD로 고통받는 사람들이 다시 행복해질까? 그리고 지금의 인공지능은 비로소 우리 뇌와 비슷해질 수 있을까?

영화를 통해
미리 보는 미래

뇌를 만들 수 있을까?

앞으로 상당히 오랜 세월이 걸리겠지만, 뇌가 어떻게 학습하고 기억하는지 그 비밀을 완전히 알아냈다고 가정하자. 마치 컴퓨터가 작동하는 법을 완전히 이해하고 있으므로 컴퓨터를 만들 수 있는 것처럼, 뇌의 작동법을 완전히 이해하면 뇌를 만들 수도 있을 것이다. 적어도 이론적으로는 가능한 이야기이다. 현대 뇌과학에서는 실제로 줄기세포를 이용해서 매우 단순화된 뇌 조직과 비슷한 신경세포들의 단순한 회로를 만들 수 있는데 이를 '뇌 오가노이드 cerebral organoid'라고 부른다. 물론 실제 동물의 뇌에 비하면 너무도 단순한 신경회로라서 뇌라고 부르기도 어렵지만, 직접 만들어낼 수 있고 구조를 모두 알고 있으므로 뇌질환 연구에 매우 유용하게 쓰일 수 있다. 실제 뇌는 너무도 복잡한 시스템이라서 오히려 연구가 어려운 측면이 있는데, 단순화된 신경회로만 있는 인공 뇌를 통해 많은 실험을 해볼 수 있을 것이다. 생물학적인 뇌를 그대로 만들지 못하더라도 뇌의 인지적 기능을 모두 알고리즘으로 만들어 컴퓨터에 구현한 형태의 '뇌를 닮은 인공지능Brain-like AI'이 등장하면 그것도 뇌의 작동 원리를 모두 이해한다는 증거가 될 것이다.

뇌인지과학은 물리학이나 화학, 생물학 등 다른 자연과학 학문과 비교할 때 약간 다른 속성이 있는데 그것은 바로 연구의 대상이 되는, 즉 '뇌'가 연구를 하는 우리 자신의 정신을 구현하는 기관이라는 점이다. 어떻게 보면 뇌가 뇌를 연구한다고 볼 수도 있다. 뇌가 자기 자신을 연구하는데도 여전히 어떻게 작동하는지 완전히 모른다는 것도 아이러니이지만, 완전히 알게 된다고 했을 때 그 지식의 완전함으로 무엇을 할 수 있는가를 생각해보면 무서운 생각이 밀려오기도 한다. 치매나 우울증을 앓고 있는 아픈 뇌를 치료하는 데 활용하는 것같이 좋은 쪽으로 쓰일 수도 있지만, 모든 과학적 지식과 기술이 그렇듯이 나쁜 사람에 의해 잘못 활용될 경우 윤리적으로 상당히 큰 문제를 일으킬 가능성도 있다. 과학자들은 호기심을 쫓아다니다 보니 여러 발견을 하지만 발견된 지식과 기술을 누군가 가져가서 나쁜 의도로 쓰면 특히 뇌인지과학 분야에서는 위험한 일이 많이 생길 수 있다. 앞으로 수많은 세월이 지나 뇌가 학습하고 기억하는 법을 완벽히 이해한 인류가 존재한다고 가정하고, 그때 일어날 일을 상상해보도록 하자.

영화 속 뇌의 학습과 기억

뇌인지과학이 고도로 발달한 미래의 모습은 공상과학 영화 속에서 자주 접할 수 있다. 많은 공상과학 영화들을 비교해보면 미래의 모습을 그릴 때 반복적으로 나오는 소재들이 있다. 이처럼 여러 공상과학 영화에 반복적으로 나오는 장면들은 언젠가 반드시 실제로 이루어질 가능성이 크다고 생각한다. 여기서는 학습과 기억의 원리를 이용해서 이야기를 전개하는 많은 영화 중 추천할 만한 몇몇 대표적인 영화를 살펴보기로 하겠다.

먼저 2015년에 미국의 픽사Pixar 애니메이션 스튜디오에서 제작한 〈인사이드 아웃Inside Out〉이라는 애니메이션이 있다. 이 영화를 보면, 제작진이 심리학자와 뇌인지과학자로부터 상당히 전문적인 자문을 받아 충실하게 과학적 사실에 바탕을 두고 영화를 만들었다는 것을 알 수 있다. 어려운 학문적 내용의 정확성을 잃지 않으면서 일반인들도 이해할 수 있도록 상당히 쉽게 애니메이션화 했다. 예를 들어, 이 영화에서 일화기억의 형성 과정을 보여주는 장면들을 보자. 친구와 아이스크림을 먹는 사건을 겪으면 그 사건에 대해 훗날 기억하는 데 필요한 모든 일화기억의 요소가 하나의 동영상처럼 구슬에 담기고, 소중한 일화기억을 담은 구슬은 장기기억 저장소로 보내진다. 해마의 학습이 어떤 종류의 기억을 형성하는 데 관여하는지와 그 과정을 비교적 단순화시켜 재미있게 잘 만들었다. 어린아이들이 보더라도 '아 뇌의 학습과 기억은 저렇게 작동하는구나!'라고 알 수 있을 것이다. 이처럼 작은 구슬들이 모두 모여 개인의 정체성을 만들고 행동 방식과 의사결정 방식을 결정한다는 것, 즉 나의 기억이 나를 만든다는 진리를 매우 잘 전달한 수작이다.

또, 2004년에 개봉했고 우리나라에서 특히 인기가 많았던 〈이터널 선샤인Eternal Sunshine〉이라는 영화가 있다. 원제는 〈Eternal Sunshine of the Spotless Mind〉라는 긴 제목이다. 이 영화에서 우리에게 잘 알려진 배우인 짐 캐리가 연기한 남자 주인공 조엘이 자신의 여자 친구인 클레멘타인케이트 윈슬릿과 사귈 때의 일화기억들을 지우려고 노력하는 장면이 나온다. 기억을 지워주는 라쿠나Lacuna라는 회사가 나오는데 이 회사는 뇌에서 지우고 싶은 기억을 찾아 선택적으로 지워주는 미래의 회사이다. 기억을 지우는 장면이 상당히 재미있는데, 자신의 여자 친구를 떠올릴 만한 물건을 조엘의 앞에 하나씩 놔주고 조엘의 뇌가 해당 물체를 '재인'하고 이 물체가 해마에 관련된 일화기억을 떠올리게 하면 그때를 놓치지 않고 기억의 흔적을 추적해서 지운다는 것이다. 내측측두엽과 해마의 작동방식을 어느 정도 염두에 두고 만들었다는 생각이 들었다. 여자 친구인 클레멘타인도 같은 회사를 통해 조엘의 기억을 지웠는데, 이 영화에서는 일화기억이 지워지는 과정과 일화기억이 지워지면 자신의 존재 자체가 지워지는 것을 깨닫고 의식적으로 이에 저항하는 과정이 흥미롭게 그려진다. 해마 기억의 정수를 잘 이해하고 영화화했다는 생각이 든다.

〈메멘토〉라는 영화는 1부에서도 많이 언급했던 수작이다. 해마의 기능에만 집중하려면 이 영화가 단연 최고라 할 수 있다. 〈메멘토〉에 대해서는 1부에서 자세히 설명했으므로 여기서는 그중 웃지 못할 장면 하나를 소개하려고 한다. 영화의 주인공이 나쁜 사람한테 막 쫓겨서 달아나는 장면이다. 달아나다가 주인공은 자기가 왜 도망가고 있는지 잊어버리고 만다. 그러다가 나쁜 사람이 자신과 같이 달리고 있는 모습을 보더니, '내가 저 사람을 쫓아가고 있는가 보다'라고 생각해서 그 사람에게 막 달려가기 시작한다. 사실은 그 사람이 자신을 쫓아오고 있고 자신은 도망가고 있었는데도 말이다. 정상적인 뇌를 소유한 악당은 이를 보고 순간 당황하다가 주인공을 향해 총을 쏜다. 이를 본 주인공은 그제야 자신이 쫓아가고 있는 추격자가 아니라 도망자의 신분이라는 것을 깨닫고 다시 도망가기 시작한다. 매우 우스운 에피소드처럼 보이지만 해마가 일상생활에서 부지불식간에 얼마나 많은 도움을 주는지, 그리고 해마의 도움이 끊기면 어떤 이상한 일이 벌어질 수 있는지 잘 알려주는 영화다.

소설을 영화로 만들어 1990년에 개봉한 〈토탈 리콜Total

^{Recall}〉이라는 영화도 있다. 해마에 기억이 형성되는 원리를 알게 되었을 뿐 아니라 뇌의 신경망을 조절하여 인공적으로 경험하지 않은 사건을 마치 경험한 것처럼 일화기억으로 심어줄 수 있는 기술이 가능한 미래가 배경이다. 이 영화는 2012년에 리메이크되기도 했다. 새로운 기억을 뇌 속에 심어줄 수 있는 기술을 보유했다는 것은 아마도 기억이 어떻게 형성되고 유지되는지 완벽히 이해해야 가능할 것이다. 영화에서도 엿볼 수 있지만 그런 일이 정말 가능해진다면 심각한 윤리적 문제를 낳을 수 있다. 뇌는 직접 경험을 통해서 형성된 기억인지 아니면 자신이 아닌 누군가 자신의 신경망에 특정 패턴을 심어서 직접적인 경험 없이 인공적으로 만들어진 기억인지 구분할 수 없으므로 당사자는 모두 자신의 경험적 일화기억이라고 믿을 것이다. 영화에서 주인공은 화성에 휴가를 다녀온 기억을 이식받고 마치 자신이 화성에 다녀온 것처럼 재밌는 이야기를 하고 추억에 잠길 수 있게 되겠지만, 경험 없이 이렇게 뇌의 신경망에 특정한 기억의 활성패턴을 새겨 넣는 것이 과연 의미가 있는지 생각해보게 만드는 영화이다. 놀라운 사실은 원작 소설이 『도매가로 기억을 팝니다』라는 제목으로 지금

으로부터 무려 56년 전인 1966년에 출간되었다는 점이다. 반세기 전에 이미 이런 미래를 그렸다는 것이 매우 놀랍다.

1997년에 처음 제작된 〈맨 인 블랙Man in Black〉이라는 영화에서는 비밀 요원들이 특정한 사건에 대한 기억을 지우기 위해 작은 막대기처럼 생긴 기계의 버튼을 눌러 섬광을 번쩍이는 장면이 나온다. 기억의 내용이 특정 신경망 내의 뉴런들의 특정한 활성패턴이고 그 패턴을 망가뜨리면 그 기억은 다시 꺼내기 어렵다는 뇌인지과학적 지식을 가지고 있는 사람이라면 이것이 그렇게 허황된 아이디어는 아니라는 것을 알 수 있다. 다만 섬광이 어떻게 그런 일을 하는가는 "영화니까" 하고 넘어가야 할 것이다. 중요한 것은 이들 영화에서처럼 누군가의 편의를 위해 남의 기억을 마음대로 썼다 지웠다 할 수 있게 된다면 인간은 더 행복해질 것인지 다시 한번 생각해보게 만드는 영화의 장면들이다.

이 밖에도 1989년 일본에서의 만화로 만들어지기 시작해서 1990년대와 2000년대에 들어와서 꾸준히 영화로 만들어진 〈고스트 인 더 쉘Ghost in the Shell〉이라는 영화가 있다. 뇌를 기계 몸과 접속시키는 기술이 등장하는 영화다. 뇌의 모든 신호는 전기신호로 전환 가능하므로 전기신호를 쓰는 컴퓨터나 기계와 뇌를 접속시킨다는 아이디어는 이론적으로는 가능해 보인다. 그래서 영화에도 많이 등장한다. 이상 몇 가지 영화들만 대표적으로 언급했지만, 이들 영화 외에도 많은 영화에서 뇌의 학습과 기억의 기전mechanism을 완전히 이해하고 이를 이용하는 미래의 모습은 자주 등장한다.

영화 속 미래가 도래하기 전 생각해볼 것들

앞서 말한 영화들을 어느 정도 관통하고 있는 공통된 주제가 무엇일까? 아마도 사람들이 자신과 타인의 기억에서 맘에 들지 않는 부분을 저마다 가지고 있다는 것이 공통점 중 하나일 것이다.

자신의 기억 속에 맘에 들지 않는 부분을 지우고 싶어 하고, 자신의 기억 속에 있었으면 하는 내용을 인위적으로 만들어서 뇌에 주입하고 싶어 한다. 마찬가지로 타인의 기억 속에 있는 내용 중 없앴으면 하는 내용을 지우고 싶어 할 수도 있고, 타인이 나에 대해 가지고 있었으면 하는 기억을 타인의 뇌에 심어주고 싶어 할 수도 있다. 이런 기술들이 실제로 현실에서 적용 가능해진다면, 인류는 무슨 일이 벌어졌고 어떤 일을 경험했는지 여부보다 어떤 기억이 뇌 속에 들어 있어야 하고 그 기억을 어떻게 조절 혹은 조작할 것인지에 더 관심을 가지게 될지도 모르겠다. 이미 그런 상황에서는 특정 기억이 경험에 의해 생겼는지 누군가가 인공적으로 만든 결과물인지는 별로 중요하지 않게 된다. 그 기억이 인간의 행동을 어떻게 조종하는지와 이를 반영하는 인간의 행동만이 중요한 것이다. 학습한 기억은 우리의 행동을 지배하기 때문이다.

앞에서 언급했던 영화 중 〈토탈 리콜〉이라는 영화를 잠깐 더 자세히 살펴보자. 리콜이라는 영어 단어는 회상한다는 뜻이므로 '완벽한 회상'이라고 번역이 가능할 것 같다. 이 영화에서는 개인이 화성과 같은 다른 행성으로 휴가를 갈 수 있는 미래의 이야기를 담고 있다. 영화 속 주인공이 화성에 휴가를 가서 탐험한 기억을 갖고 싶어 하는데, 원하는 기억을 뇌에 주입해 주는 '서비스'를 하는 리콜Rekall이라는 회사의 광고가 출근길 지하철에 늘 나온다. 이 회사의 광고에 나오는 말이 걸작이다. "완벽한 기억을 갖고 싶나요? 리콜로 오십시오. 기억을 심어드립니다." 미래에 영화 속 리콜과 같은 회사가 정말 생긴다면 어떨까? 우리나라와 같이 교육열이 높은 곳에서 예를 들어 '수능이 얼마 안 남았죠. 물리Ⅱ를 한 달 만에 완성하고 싶으십니까? 기억을 심어드립니다.' 이런 광고가 TV에 등장한다고 생각해보면 상상하기 쉬울 것 같다.

뇌 기억의 내용을 바꾸는 것을 공상과학 영화에서나 나오는 아주 먼 미래의 일로만 치부하기에는 현대 뇌인지과학의 발전 속도가 상당히 빠르다. 아직은 생쥐와 같은 설치류를 대상으로 실험을 진행하고 있긴 하지만, 어느 정도 기억의 조절이 가능하다는 것은 확인한 상태이다.[31] 예를 들어, 생쥐가 A라는 장소에 있을 때 해마 신경망의 뉴런들이 A라는 장소를 기억하기 위해 특정한 형태의 활성패턴을 신경망 내에 구현할 것이다. 이때 활성화된 뉴런들에만 선택적으로 생물학적 표식을 붙일 수 있고, 나중에 이 표식이 붙은 뉴런들만 특정한 파장대의 레이저 빛을 쪼임으로써 다시 우리가 원할 때 이 뉴런들을 그대로 활성화시켜 해당 신경망 활성패턴을 불러올 수 있다고 하자. 이 기술이 현재 생물학과 뇌인지과학에서 광범위하게 쓰이고 있는 광유전학optogenetics이라는 기술이다. 여기서 핵심은 특정 뉴런의 활동을 우리가 원하는 때 억제하거나 촉진할 수 있다는 것이다.

　만약 생쥐가 A라는 장소가 아니라 B라는 전혀 다른 장소에 있을 때 전기 충격과 같은 안 좋은 경험을 하게 하면서 이전에 A 장소를 기억하는 데 동원되었던 뉴런들을 광유전학적 기술을 사용하여 인위적으로 모두 활성화시킨다면 어떻게 될까? 쥐는 B라는 장소에서 안 좋은 경험을 했음에도 불구하고, 전기 충격을 받을 당시 A라는 장소를 떠올리게 하는 신경망이 활성화되었으므로 이 신경망 활성 패턴이 전기 충격과 연합되면서 자신이 A라는 장소에서 전기 충격을 받았다고 기억하게 될 것이고 앞으로 A라는 장소를 피할 것이다. 뇌 신경망 뉴런들의 활동을 인위적으로 조절함으로써 실제 동물이 경험한 사건의 내용을 바꾼 것이다. 즉 '가짜 기억false memory'을 뇌에 심어준 것이다. 이런 기술이 사람에게까지 적용되려면 앞으로 넘어야 할 산이 매우 많으므로 아직 사람의 뇌에 당장 적용하려면 멀었지만, 과학적 가능성은 엿본 것이다.

　생쥐의 해마에 가한 조작처럼, 〈매트릭스〉라는 공상과학 영화를 보면 우리가 지각하고 경험하는 세상이 모두 뇌의 신경망의 뉴런들의 활성패턴에 비유되고 그 패턴을 0과

1의 조합으로 만들어서 뇌의 신경망에 직접 전달해주는 장면들이 나온다. 의자에 누워서 머리 뒤쪽에 있는 연결 부위에 케이블을 연결하면 특정한 세상을 경험하고, 그 속에서 학습하고 기억을 형성할 수 있다. 그리고 뇌는 이것이 케이블을 통해서 전달된 경험인지 자신이 직접 돌아다니며 경험한 것인지 구분할 방법이 없다. 어떻게 생각하면 나에게 소중한 일화기억이 모두 인공적으로 누군가에 의하여 만들어져 주입될 수 있다는 사실 자체가 섬뜩하고 슬프다는 생각이 들 것이다.

그러나, 이러한 기술을 잘 활용한다면 한편으로는 이미 신경망이 손상된 환자에게 정상적으로 세상을 경험할 수 있는 치료법이 열릴 수도 있는 것이다. 또, PTSD 환자와 같이 특정 사건과 관련된 기억이 너무 과하게 신경망에 새겨져 정상적 생활을 방해할 경우, 이러한 뇌 신경망 조절 기술을 사용하여 해당 기억을 약하게 만들거나 지워버릴 수 있을 것이다.

인간이 만든 모든 기술은 항상 이처럼 약이 될 수도 있고 독이 될 수도 있는 상반된 면이 있다. 기억을 조작하는 것은 인류에게 큰 도움을 줄 수도 있지만, 해롭게 쓰자면 한이 없다. 영화 속에 펼쳐진 미래가 우리에게 도래하기 전에 이에 대한 대비가 필요한 이유이다.

뇌처럼 스스로 학습하는
인공지능

앨런 튜링. 인간의 지능을 닮은 기계를 꿈꾸다

뇌의 학습과 기억의 원리를 모두 알아내기를 학수고대하는 학문 분야는 물론 뇌인지과학 분야이다. 이러한 시점이 도래하기를 또 간절히 기다리는 뇌인지과학 이외의 분야가 있다면 아마도 인공지능을 연구하는 컴퓨터 과학 분야일 것이다. 컴퓨터 과학 분야에서 왜 이를 갈망하는지 한번 이야기해보자.

사진 속 인물은 2014년에 나왔던 영화 〈이미테이션 게임〉의 실제 주인공인 앨런 튜링이다. 튜링은 영국의 수학자였다. 〈이미테이션 게임〉은 암호학에 재능이 있던 튜링이 2차 세계 대전 때 독일군의 암호화된 통신 내용을 해독

앨런 튜링

하는 '에니그마'라는 기계를 발명한 이야기이다. 에니그마는 적군의 암호를 해독하여 전쟁에서 승리하기 위해 고안된 기계이지만, 현재 우리가 알고 있는 컴퓨터라는 기계의 개념조차 없던 시절에 특정 정보를 일련의 절차, 즉 알고리즘에 따라 기계적으로 처리하는 것이 가능함을 입증했다는 데 의의가 있다.

1936년에 튜링은 '튜링머신^{Turing machine}'[32]이라는 가상의 기계를 만들었는데, 튜링머신은 복잡한 계산을 하고 논리적 규칙에 따라 흐름을 갖고 정보를 처리할 수 있었으므로 이것을 현대 컴퓨터의 시초라고 본다. 이론적으로는 튜링이 앞서갔지만 실제로 실현된 것은 1956년 '논리적 이론 가Logitc Theorist'라는 프로그램이 개발되면서다. 최초의 인공지능 프로그램이라고도 볼 수 있는 이 프로그램은 미국의 다트마우스라는 곳에서 개최된 '인공지능에 관한 다트마우스 여름 연구 프로젝트Dartmouth Summer Research Project on Artificial Intelligence'라는 학술대회에서 발표되면서 세상에 알려졌다. 1957년에 열린 이 학술대회에서 그 유명한 "인공지능"이라는 말이 존 매카시John McCarthy에 의해 처음 만들어졌고 사용되었다.

튜링은 논리적 사고를 하는 기계를 만들 수 있음을 깨달으면서 이미 1950년에 '사람의 뇌처럼 지능을 갖고 작동하는 기계를 만들 수 있지 않을까' 하는 생각을 했던 사람이다.[33] 지금은 이런 생각이 그다지 황당하게 들리지 않지만, 1950년대에 이런 말을 하는 사람을 만난다면 말도 안 되는 소리를 한다고 치부하는 사람들이 많았을 것이다. "어떻게 기계가 사람과 비슷해져?"라고 하면서 말이다. 하지만 2016년 3월에 구글의 딥마인드에서 만든 알파고AlphaGo라는 인공지능이 탑재된 컴퓨터가 이세돌 9단과 대국을 펼치기 전에도 비슷했다. 사람들은 아마도 1950년대에 튜링이 들었을 말과 똑같은 말을 했었다. "어떻게 기계가 사람을 이겨?"라고 말이다. 결과는 사람들을 깜짝 놀라게 하지 않았는가?

튜링이 남긴 너무도 유명한 말이 있어 영어 원문을 소개하고자 한다. "The idea behind digital computers may be explained by saying that these machines are intended to carry out any operations which could be done by a human computer."[34] 이 말을 번역해보면 이렇다. "디지털 컴퓨터라는 아이디어를 쉽게 설명하자면, 인간이 하는 모든 사고를 똑같이 할 수 있는 기계를 말하는 것이다." 즉, 튜링이 꿈꾸었던 디지털 컴퓨터는 인간과 같이 '경험으로부터 학습하는 지능을 지닌 기계'[35]였다고 볼 수 있다. 튜링은 인간의 뇌를 '휴먼 컴퓨터human computer'라고 표현했다. 인간의 뇌가 구현하는 모든 인지적 기능을 컴퓨터의 언어가 이해할 수 있는 알고리즘으로 바꿀 수 있다는 의미가 내포된 듯하다.

인간의 뇌를 너무도 닮아서 인간과 구별이 안 되는 기계를 진정한 컴퓨터라고 생각한 것이다. 따라서 튜링이 정의하는 진정한 컴퓨터는, 사람과 소통하는 동안 사람이 기계와 소통하고 있다고 생각하지 않고 사람과 소통하고 있다는 착각을 하도록 만들어야 한다. 이것을 진정한 지능을 가진 컴퓨터를 구별하는 척도로 보았고, 기계에 이런 테스트를 하는 것을 '튜링 테스트Turing test'[36]라고 불렀다.[37] 안타깝게도 튜링이 이런 개념을 소개한 지 70년이 넘는 세월이 흐른 2022년 지금도 인공지능은 이 수준에 미치지 못하고 있다. 사람과 장시간 자연스러운 상호작용이 불가능하다는 것이다. 만약 튜링이 살아 있었다면 지금의 컴퓨터를 인공지능 컴퓨터라고 부르는 데 반대했을지 모른다.

데미스 하사비스, 뇌인지과학을 공부한 튜링의 계승자

인공지능 연구에서는 인간처럼 지능을 가지고 학습을 통해 문제를 해결하는 진정한 의미의 '뇌를 닮은 인공지능'을 만들 수 있겠다는 희망이 피어나는 시기가 항상 있었다. 계절로 말하면 봄과 여름이라고 볼 수 있을 듯하다. 그리고 그러한 기대가 꺾이면서 희망이 보이지 않고 비관론이 우세하는 시기를 인공지능 연구의 겨울이라고 부른다. 1950년대에 인공지능의 봄이 시작된 이래로 1970년대 말부터 1980년까지 첫 번째 겨울을 맞이했고 1987년부터 1990년대 초까지 두 번째 겨울을 맞이했다. 인공지능 연구의 겨울은 대개는 기술이 구현 가능한 것보다 훨씬 더 과장되고 부풀려져서 알려지면서 오게 된다. 결국 현재의 기술력이 알려진 것만큼 대단하지 않은 수준임이 드러나면 겨울이 온다. 인공지능 연구자 중에는 구글의 알파고로 대변되는 현재의 '심층신경망deep neural network'을 탑재한 인공지능의 능력이 일반인들과 사회에 너무 과대평가되어 알려졌다고 말하는 이들이 있다. 인공지능이 인간의 지능과 비슷해지려면 아직 갈 길이 너무 멀다는 비관론이 고개를 들고 있어 다시 겨울이 오지 않을까 조심스럽게 예측하는 이들도 있다.[38]

인공지능의 겨울을 반복적으로 경험하지 않기 위해서는 우선 현재 지구상에 알려진 가장 우수한 지능이 탑재된 인간의 뇌에서 지능이 어떻게 구현되는지 알아내는 과정이 선행되어야 하고, 이를 컴퓨터 알고리즘화하여 모방해야 한다고 주장하는 사람이 있다. 바로 알파고의 아버지라고 불리는 데미스 하사비스다. 하사비스는 인공지능 연구자이자 뇌인지과학 박사이다. 컴퓨터 게임을 만들어 사업도 했고 어렸을 때는 체스 신동으로 불렸던 사람이다. 하사비스는 튜링이 꿈꾸었던 것처럼 진정한 컴퓨터란 사람과

데미스 하사비스 ⓒThe Royal Society

똑같이 학습하고 행동할 수 있는 기계라는 비전을 공유하고 있는 사람이다.

하사비스의 어린 시절을 보면 진정한 융합 교육은 강한 동기motivation를 가진 사람이 스스로 관심에 맞는 모든 것을 찾아서 배우려는 의지가 필요하다는 생각이 든다. 하사비스는 4살 때 할아버지와 삼촌이 체스를 두고 있는 것을 보고 자기에게도 가르쳐달라고 졸라서 체스를 배웠다고 한다.[39] 그는 이미 13살의 나이에 마스터라고 부르는 체스 챔피언으로 잘 알려졌다. 하사비스는 '기계가 사람처럼 체스를 둘 수는 없을까?'라는 생각을 하기 시작하면서 컴퓨터 게임에 관심이 커졌고, 1997년 영국의 케임브리지 대학의 컴퓨터 과학과를 졸업하고 게임 회사를 차려서 히트작도 꽤 많이 만들었다.

그런데 하사비스가 만든 컴퓨터 게임들을 유심히 살펴보면 재미있는 점을 발견할 수 있다. 그가 만든 대부분의 게임이 사람과 사람이 서로 지능을 발휘하여 상호작용해야 하는 것이었다. 마치 체스처럼 말이다. 하사비스가 재밌어하는 게임은 기계보다 총을 더 빨리 쏴야 하는 식의 단순한 게임이 아니라 게임이라는 환경에서 학습 능력을 발휘하여 지능을 겨루는 게임이다. 이런 부류의 게임을 할 수 있는 컴퓨터 프로그래밍을 만들다 보니 하사비스는 컴퓨터가 가진 기계의 한계를 뼈저리게 느끼게 된다. 그래서 '왜 기계는 인간처럼 인지 능력을 발휘할 수 없을까'라는 질문을 하다가 결국 자신이 뇌인지과학 연구를 직접 하게 되고 박사학위까지 받게 된다. 앞서 소개한 해마 장소세포의 발견자인 존 오키프 교수가 근무하고 있는 유니버시티 칼리지 런던에서 인간 뇌의 해마 기능을 연구하여 박사학위를 받았다. 해마가 손상된 환자들의 경우 상상력이 정상인보다 떨어진다고 앞서 소개했던 연구 등이 바로 하사비스가 발표한 논문[40]에 실린 연구이다.

다시 인공지능 얘기로 돌아가서, 하사비스는 다음과 같이 말했다. "If we want computers to discover new knowledge, then we must give them the ability to truly learn for themselves(컴퓨터가 우리를 위해 새로운 지식을 발견해주기를 원한다면 컴퓨터가 정말로 스스로 학습할 수 있도록 만들어줘야 한다)."[41] 컴퓨터가 인간에게 의존하지 않고도 스스로 학습할 수 있다면 이 기계를 사람과 지능 면에서 동등하다고 볼 수 있다는 것이다. 인공지능이라고 할 때 '지능'이라는 말이 모호한 의미를 지니고 있는데, 하사비스처럼 '학습'이라고 말하는 것이 오히려 정확하고 이해도 쉽다. 즉, '인공학습artificial Learning' 기계를 만들고자 하는 것이다. '학습'이 이 모든 논의의 중심에 있다는 것을 다시 한번 엿보게 하는 대목이다. 이것이 바로 튜링의 꿈이었다. 하사비스는 인류가 지지부진하며 해결하지 못하고 있는 여러 가지 과학적 미스터리는 진정한 인공지능 컴퓨터를 구현하여 풀 수 있다고 확신한다.

이미 구글의 자회사인 딥마인드에서 '알파폴드AlphaFold'[42]라는 인공지능 프로그램을 개발하여 단백질의 3차원 구조를 알아내는 연구 분야에 획기적인 발견을 이끌고 있다. 단백질은 우리 몸을 구성하는 최소 단위라고 할 정도로 중요한데 특정 단백질이 아미노산의 서열 정보를 가지고 어떻게 3차원적으로 접히는지 그 구조를 알아내는 것은 의료계나 생물학계에서 매우 중요하다. 단백질과 상호작용하는 약물을 만든다거나 할 때 그 구조를 반드시 알아야 효과가 있기 때문이다. 하지만 기존에는 단백질의 구조를 알아내기 위해 매우 시간이 오래 걸리고 노력이 많이 들어가는 실험적 방법론에 의존했기 때문에 연구 속도가 너무 더디었는데, 알파폴드가 나오면서 이 분야의 연구가 획기적으로 탄력을 받게 된 것이다.

하지만 알파고나 알파폴드처럼 빅데이터를 기반으로 기계학습을 하는 알고리즘에 의존하는 인공지능은 특정한 전문 분야에서 인간을 앞설 수는 있으나, 모든 분야에서 일반적인 문제 해결 능력을 갖추고 있는 인간의 뇌를 따라가려면 아직 멀었다. 특히 문제 해결을 위해 스스로 학습하고, 배우지 않은 문제를 이미 학습된 기억을 토대로 응용하여 해결하는 능력을 가진 인공지능의 탄생은 더더욱 요원하다. 이것이 인간 뇌의 작동 원리를 하사비스가 너무도 알고 싶어 하는 이유이기도 하다. 하사비스의 목표는 '일반적 지능general Intelligence'을 가진 인공지능이다.

인공지능 연구의 가을, 그리고 겨울?

앞에서 인공지능 연구의 겨울이 주기적으로 찾아왔었다고 했다. 인공지능 연구의 겨울이 오기 전에 늘 새로운 기술이 나오고 그 기술에 대한 높은 기대감이 있었다. 그리고 그 기대감을 이용해 돈을 벌고자 하는 기업들 또는 기술자들의 과장 광고가 있었다. 지금의 딥러닝deep learning 알고리즘을 탑재한 기계학습 위주의 인공지능 역시 이처럼 겨울을 맞을 소지가 다분하다는 경고가 여기저기서 들리고 있다.[43] 딥러닝을 이용한 인공지능의 학습 기술을 개발한 것으로 유명한 요슈아 벤지오Yoshua Bengio도 《BBC》와의 인터뷰에서 이런 경고를 했고, 그 밖에도 다수의 해당 분야 전문가들이 경고하고 있다. 이들은 현재 상황을 인공지능의 겨울로 접어들기 직전의 가을 정도에 해당한다고 보고 있다.

문제의 핵심은 현재의 첨단 인공지능 기술도 현실 세계에 적용하기에는 적응력이 너무나 떨어져 상품화 가치나 범용적인 가치가 그다지 없다는 것이다. 알파고와 이세돌의 대결 장면이나 알파폴드의 단백질 구조 문제 풀이 등 아주 많이 제한되고 통제된 환경에서 정확히 규정된 문제를 푸는 일에 특화되어 있을 뿐이다. 어떤 시나리오가 전개될지 모르는 현실 세계에 내다 놓으면 지금의 인공지능은 세 살짜리 아이보다도 못한 지능을 보이고 적응력이 없다는 것이 문제의 핵심이다. 상품화된 인공지능 스피커나 스마트폰에 장착된 인공지능 비서와 대화를 5분만 나눠보면 인내심의 한계를 느끼게 되는데 이것이 현재 인공지능의 문제점을 아주 대표적으로 보여준다고 생각한다. 튜링은 벽 너머의 기계와 사람이 대화할 때 저게 사람인지 기계인지 헷갈려야 진정한 인공지능 컴퓨터라고 했다지만, 지금의 AI 스피커와 대화해보면 헷갈리는 것은 고사하고 기계와 대화하고 있다는 것이 너무도 절실히 와 닿는 상황이다. 주변에 배경 소음이 전혀 없어야 하고 마치 갓난아이에게 말하듯 또박또박 부자연스럽게 말해야만 알아듣는 지금의 인공지능 프로그램과 대화를 나누다 보면 나까지 기계가 되는 느낌이 들 것이다.

그런데 공상과학 영화를 보면 인공지능 비서나 인공지능 프로그램이 탑재된 로봇은 지금의 현실과 전혀 다르게 그려진다. 1999년에 개봉한 〈바이센테니얼 맨Bicentennial Man〉이라는 영화에서는 지금은 세상을 떠난 로빈 윌리엄스라는 배우가 우수한 인공지능이 탑재된 앤드루라는 이름의 로봇으로 등장한다. 앤드루는 그야말로 범용성 인공지능을 갖춘 로봇으로 집안에서 벌어지는 모든 일을 할 수 있다. 그뿐 아니라, 아이랑 놀아주기도 하고 피아노도 같이 치며 사람의 친구이자 가족으로 같이 성장한다. 영화를 보면 사람인지 로봇인지 헷갈릴 정도로 자연스럽게 사람과 말하고 소통한다. 튜링이 꿈꿨던 인공지능의 구현을 볼 수 있다. 또, 2013년에 개봉하여 우리나라에서 특히 인기가 높았던 〈그녀HER〉라는 영화에는 컴퓨터 운영체제OS가 사람과 정말 자연스럽게 대화하며 업무도 하고 애인처럼 생활의 모든 면을 공유하는 장면들이 나온다. 이 영화에 나오는 인공지능 역시 지금의 인공지능 스피커와는 차원이 다르게 자연스럽고 매끄럽게 사람과 소통한다.

이런 미래가 언제쯤 도래할까? 아니 도래할 수는 있을까? 또다시 인공지능의 가을에서 겨울로 계절이 바뀌고 나면 도래할 것인가? 이런 물음들에 대한 답은 아무도 모른다. 다만, 인간은 자신과 비슷한 지능을 지니고 인간과 자연스럽게 소통할 수 있는 인공지능이 만들어질 수 있는지 궁금해하고 이를 실현하고자 꿈꾼다는 것은 확실하다. 이 꿈을 실현하기 위해 다양한 방법이 있겠지만 하사비스와 같은 사람은 우선 오랜 진화를 거치며 가장 훌륭한 모범 답안과도 같은 뇌의 학습의 원리를 이해하고 이를 기술적으로 구현하자고 주장한다. 물론 뇌의 작동 원리를 이해하기도 쉽지 않고 구조적으로 매우 다른 컴퓨터라는 기계에 세포로 이루어진 뇌의 생물학적 원리를 구현하기도 쉽지 않겠지만, 지금으로서는 이보다 더 가능성이 큰 대안은 존재하지 않는다. 무엇보다도 인간에 의해 개발된 인공지능은 인간과 더불어 살 것을 목적으로 개발된다는 점을 명심해야 한다. 따라서 인간에게 자연스럽게 느껴지도록 맞춤형 개발이 필요한 것이다. 그런데 기계가 사람에게 자연스럽게 느껴진다는 것이 얼마나 어려운 일인지 인공지능 개발자들은 잘 알고 있다. 이것은 사람이 기계처럼 행동하는 것이 어려운 것과 마찬가지다.

완벽한 지능의
구현을 향해

REAL Intelligence

뇌의 학습과 기억의 원리를 완벽하게 이해하고 이를 튜링이 꿈꾸었던 인공지능 구현에 활용하려면 뇌의 어떤 인지적 기능부터 시작해야 할까? 즉, 인공지능에게 '진짜 지능REAL Intelligence'을 불어넣어 주려면 지금의 개발자들은 어떤 숙제를 풀어야 할까? REAL Intelligence는 사실 서울대학교 AI 연구원[44]의 출범과 함께 2020년 7월 서울대학교의 뇌인지과학과가 만든 선도혁신연구센터[45]의 이름이기도 하다. REAL은 '진짜'라는 의미도 있지만 여기서는 인공지능이 뇌로부터 배워야 할 네 가지의 핵심 기능을 상징하는 키워드들의 앞 글자만을 따서 만든 약어이다. 'REAL'

의 'R'은 2부에서 이야기했던 재인recognition, 'E'는 설명력 explainability, 'A'는 적응adaptation, 'L'은 학습learning을 의미한다.

첫 번째 핵심 기능인 재인은 앞서 이미 자세히 설명한 바 있다. 기존에 경험한 사물이나 사람을 다시 알아보는 것을 재인이라고 한다. 현재 인공지능 기술의 재인 능력은 과거보다 눈에 띄게 진보했다. 그런데 아직도 뇌의 재인 능력에 비교하면 실생활에서 자유롭게 활용하기에는 한계가 분명하다. 빅데이터에서 학습한 모양과 달라지거나 학습하지 않은 처음 보는 배경 앞에 제시되거나 하면 인공지능 재인 시스템은 물체를 잘 알아보지 못한다. 빅데이터를 바탕으로 기계학습 알고리즘을 통해 이미 학습한 것이 그대로 나오면 기가 막히게 알아보지만, 자기가 학습한 것에서 변형이 이루어지면 수행 능력이 떨어지는 것이다. 예를 들어, 캥거루처럼46 폴짝 뛰면서 매 순간 기계의 눈에 비친 형상이 시시각각 바뀌는 동물을 사람은 아주 잘 알아보고 운전자가 이를 피할 수 있지만(그럼에도 호주에서는 매년 2만 마리의 캥거루가 교통사고로 죽는다고 한다), 지금의 인공지능 재인 시스템에게는 여간 어려운 일이 아니다. 상황이 이렇다 보니 현실 세계에 나오면 인공지능 재인 시스템은 맥을 못추는 경우가 많고 심지어 자율주행차와 같이 사람의 목숨이 달린 시스템에 탑재되려면 좀 더 시간이 필요하다. 즉, 지금의 인공지능 재인 시스템은 뇌가 어떻게 자유자재로 변화하는 물체를 그렇게 유연하게 알아보는지 그 원리를 인공적으로 기계에 구현해야 하는 숙제를 안고 있다.

REAL에서 두 번째 글자인 'E'는 설명력에 관한 것이다. 요즘엔 설명력을 갖춘 인공지능을 XAI라고도 부른다. 지금의 기계학습 알고리즘을 탑재한 인공지능은 엄청나게 많은 데이터를 심층신경망이라고 부르는 여러 층으로 이루어진 정보처리 단계를 통과시키면서 컴퓨터가 그 많은 데이터 사이에 존재하는 공통점과 차이점 패턴을 학습하도록 한다. '심층'이라는 말에 암시되어 있듯이 마치 뇌의 신경망 시스템과 같이 매우 깊고 복잡한 구조를 가진 신경망 속에서 학습이 일어나기 때문에 이를 설계한 인공지능 개발자도 사실 그 안에서 무슨 학습이 어떤 방식으로 벌어졌는지 모른다. 알파고와 이세돌의 대국에서 알파고가 이겼어도 알파고의 개발자들은 알파고가 이세돌에게 어떤 수를 두어 이길 수 있었는지 즉석에서 대답하기 어렵다고 봐도 된다. 지금의 인공지능 기술은 이런 설명력을 제공할 수 없기 때문이다. 마치 블랙박스처럼 안에서 어떤 작용이 일어나는지 실시간으로 알 수 없고 오직 결과물을 통해서 유추할 수 있을 뿐이다.

이처럼 설명력이 떨어지는 인공지능이 현실 세계에 투입될 경우 그 혼란은 불을 보듯 뻔하다. 인공지능이 법정에서 판사를 대신해 판결을 내린다고 생각해보자. "당신은 징역 10년입니다"라고 판결하는 경우, 피고인이 "제가 왜 10년이나 감옥에 있어야 하죠? 이유를 말해주세요"라고 물으면 지금의 인공지능은 확실한 대답을 줄 수 없을지 모른다. 하지만 이것은 매우 위험하다. 왜냐하면, 인공지능의 학습은 현재 빅데이터에 무슨 학습재료가 포함되어 있는가에 결정적으로 좌우되는데, 특정 방향으로 편향된 학습재료를 빅데이터 삼아 학습했다면 마치 인종주의자처럼 편향된 판결을 내렸는지 모르기 때문이다. 인공지능 의사가 등장해도 마찬가지 상황이 발생할 수 있을 것이다. 실제로 앨런 인공지능 연구소Allen Institute for AI에서 개발된 '델파이에게 물어보세요Ask Delphi'[47]라는 이름을 가진 인공지능 프로그램은 사람들이 답하기 어려워하는 문제에 답할 수 있는 인공지능 프로그램으로 개발되었지만, 학습에 사용된 빅데이터가 인터넷 자료이다 보니 인간의 편향된 사고방식을 학습했다고 한다. 자주 나타나고 공통으로 나타나는 것을 진리처럼 무작위로 기계적으로 학습해서는 안 된다는 것이다. 적어도 사람처럼 어떤 행동이나 결정을 내리면 왜 그렇게 했는지 설명할 수 있는 인공지능이 절실히 필요한 이유이다.

세 번째 글자 'A'는 적응력을 상징한다. '적응'이라는 말에 내포된 의미는 자신이 알고 있는 기존 지식이나 기억에 비추어 무언가 변했다는 것이다. 새로운 것이 있고 이 새로운 것에 어떻게 대응할지 결정하고 그 방식을 학습해서 다음에 다시 새로운 것을 만나도 당황하지 않고 대응할 수 있는 것이 적응이다. 환경 속의 무언가가 변했다는 의미도 내포되어 있지만, 진화론에서 '적응'을 이야기할 때 빠질 수 없는 개념은 '생존'이다. 인간을 비롯한 생명체를 둘러싼 환경은 끊임없이 변화하기 때문에 오히려 변하지 않고 그대로 있는 환경을 자연계에서는 보기 어렵다. 변화에 대처하여 생존하기 위해서 자연은 생명체에게 그리 많은 기회를 부여하지 않는다. 한번 경험해서 학습하지 못하면 다음에는 목숨이 붙어 있을지 알 수 없다. 반대로, 지금의 기계

학습이 아는 세상은 아무것도 변하지 않고 학습한 그대로의 환경을 가지고 있다. 따라서 위험도 없고 생존하고자 하는 동기라는 개념이 무의미할 수도 있다. 생존의 압박이 없고 에너지도 무제한 공급되므로 수없이 반복 학습을 할 수도 있다. 적응이라는 키워드로 바라본 인간의 뇌와 기계에 탑재된 인공지능은 너무도 심한 괴리를 보이고 있다.

마지막 'L'은 지금까지의 모든 키워드를 종합하는 '학습'이다. 특히, 앞에 말한 적응에 중요한 즉각적 학습을 현재 인공지능은 거의 하지 못한다. 눈앞에서 한번 벌어진 사건을 평생 기억할 수 있는 해마 신경망의 능력을 지금의 인공지능에 구현하는 것은 불가능하다. 빅데이터도 아니고 스몰데이터small data도 아니고 한 번만 볼 수 있는 '원타임 데이터one-time data'인 것이다. 그것도 이들 원타임 데이터들을 시간 순서대로 조직화하고 장소와 관련된 모든 주변 경관과 그 안에서 마주친 물건들을 한꺼번에 기억하는 능력은 변화하는 환경 속에서 예측 불가능한 사건들을 계속 마주치며 학습해야 하는 동물에게는 필수적이지만, 지금의 인공지능 컴퓨터에게는 불가능한 능력이다. 하지만 인공지능이 세상 밖으로 나와 현실 세계에서 작동하기 위해서는 없어서는 안 되는 필수 능력이다.

뇌와 기계의 접속

뇌의 학습 원리를 모두 알아낸 다음에 이를 컴퓨터에 인공적으로 구현하는 기술을 개발하려면 얼마나 많은 시간이 지나야 할까? 또 얼마나 많은 투자가 이루어져야 할까? 혹자는 이런 전략은 기약 없어 보이고 비효율적이라고 생각할 수도 있다. 이런 원론적인 접근법 말고 다른 접근법은 없을까? 사람들이 대안으로 시도하는 방법 중 하나는 뇌와 컴퓨터 또는 기계를 물리적으로 접속시키는 것이다. 이러한 기술을 '뇌–기계 접속brain-machine interface' 혹은 '뇌–컴퓨터 인터페이스brain-computer interface'라고 부른다. 줄여서 BMI나 BCI라고 부르기도 한다. 마치 만화영화 〈공각기동대〉나 공상과학 영화 〈매트릭스〉에서처럼 뇌를 기계와 직접 연결해 뇌의 원리를 완전히 모르더라도 뇌의 인지 능력과 지능을 기계의 장점과 결합하는 방법이다.

실제로 미국의 일론 머스크Elon Musk라는 기업가가 이런 방향의 연구에 투자하고 있다. 머스크는 여러 사업을 하고 있다. 테슬라라는 회사를 만들어 전기 자동차도 생산하고 스페이스X라는 회사를 만들어 우주사업도 하고 있다. 또, 뉴럴링크Neuralink라는 회사를 설립해서 뇌에 컴퓨터에 들어가는 것과 비슷한 전자칩을 외과적으로 심고, 이 전자칩을 통해 컴퓨터와 뇌가 서로 직접 소통하게 하는 것을 목표로 기술을 개발하고 있다.[48] 그야말로 〈매트릭스〉에 나온 것처럼 뇌와 컴퓨터가 직접 연결될 수 있는 인터페이스를 개발 중인 것이다.

최근에 뉴럴링크 회사의 연구소에서 원숭이 뇌의 팔과 손을 움직이는 운동피질 영역에 동전 크기의 컴퓨터 칩을 이식하고, 이 칩을 통해 컴퓨터의 커서가 움직이게 하는 데 성공했다. 뉴럴링크에서 공개한 비디오를 보면 원숭이가 옛날 아타리Atari라는 비디오 게임 회사에서 처음 선보였던 단순한 탁구 게임을 하는 것이 나온다. 그런데 놀라운 것은 원숭이가 자신의 손을 움직이지 않고 생각만으로 화면 속의 탁구채를 움직이며 탁구 게임을 하는 장면이다.[49] 신기하게 보이지만 뇌인지과학적 원리는 간단하다. 이 원숭이의 운동피질에 있는 뉴런들은 실제로 원숭이가 조이스틱을 이용해서 팔을 움직이는 훈련 기간 동안 가상게임 속의 탁구채를 공이 오는 방향으로 움직일 수 있도록 학습을 이미 마친 것이다. 그리고 운동피질에 삽입된 전자칩은 뉴런들이 탁구채를 특정 방향으로 움직일 때 어떤 패턴의 활동을 하는지 측정하고 기록해 놓았다. 그리고, 나중에 원숭이가 직접 조이스틱을 움직이지 않더라도 탁구채를 위로 10센티미터만큼 움직이려는 의도를 보이면 운동피질의 뉴런들이 학습한 활동패턴이 탁구 게임을 실행하고 있는 컴퓨터에 직접 전기신호로 전달되어 그만큼 탁구채를 화면 속에서 움직여준다. 뇌의 운동피질과 기계가 접속된 것이다.

이 기술은 뇌가 어떻게 신경망 속 뉴런들의 해당 패턴들을 다시 기억해낼 수 있는지 같은 원리를 과학적으로 다 이해하지 못하더라도 해당 신경망 패턴과 기계의 작동을 1:1로 매칭시킴으로써 뇌의 능력을 기계를 통해 십분 활용하는 것이 가능하다는 것을 보여준다. 현재 실제로 활발히 연구되고 있으며, 교통사고로 척추를 다쳐서 팔다리를 움직이지 못거나, 휠체어에 의지하여 평생을 사는 사람들이 생각만으로 로봇 손이나 휠체어를 움직여서 남의 도움 없이 하고자 하는 일을 하도록 해줄 수 있다.[50] 신체장애가 있는 사람한테는 꿈과 같은 이야기인데, 뇌과학의 발달로 조금씩 현실이 되고 있다. 지금은 운동 기능에 대한 연구가 주를 이루지만, 해마와 같은 영역의 학습과 기억 기능도 컴퓨터와 연결되는 날이 온다면 영화 〈채피Chappi〉에서처럼 나의 기억을 모두 컴퓨터로 전송하거나 백업하는 것도 가능해질 것이다. 물론 아직은 이론적으로만 가능하다.

완벽한 기억은 좋은 것인가?

컴퓨터가 인간 뇌의 학습과 기억 원리를 완벽히 구현하면 아마도 인간과 비슷해지는 게 아니라 인간보다 더 완벽한 학습과 기억을 할 수 있을지도 모른다. 우리는 세월이 흐르면 기억을 잘하지 못하는 게 정상이지만, 컴퓨터는 아무리 시간이 지나도 모든 것을 아주 또렷이 사진처럼 기억하는 일이 벌어질 수도 있다.

HSAM이라고 불리는 사람들이 있다. HSAM은 영어 약어인데, '초월적 자서전 기억Highly Superior Autobiographical Memory'의 줄임말이다.[51] 자서전 기억이란 이 책에서 계속 말한 일화기억을 뜻한다. 개인이 평생 저장한 일화기억의 합을 자서전이라고 부르지 않는가? HSAM으로 분류되는 사람은 자신이 평생 겪은 일을 너무도 완벽하게 기억하고 있는 사람들이다. 극소수여서 그렇게 일반인이 자주 마주칠 일은 없지만, HSAM 인간은 분명 존재한다.

HSAM에 관한 연구를 처음 시작한 사람은 미국 어바인에 있는 캘리포니아 주립대학^{UC Irvine}의 제임스 맥거^{James McGaugh} 교수다. HSAM에 대한 테스트는 다음과 같이 이루어진다. 예를 들어, HSAM 중 한 명인 대니얼 매카트니^{Daniel McCartney}[52]라는 사람이 있다. 지금 54세인 그에게 42년 전 일을 물어본다. 질문이 따로 없고 그냥 날짜만 준다. "1828년 10월 8일, 지금으로부터 42년 전입니다. 무슨 일이 있었나요?" 하면 길게 생각할 것도 없이 약 2초간 망설이다가 바로 대답한다. "수요일이었지요. 그날 안개비가 내렸는데 아버지가 석탄을 가지러 가신 곳으로 저녁을 갖다 드렸습니다." 기록을 뒤져보면 정확한 기억이고 심지어 그날 비가 온 것까지 맞다. "1829년 2월 21일, 무슨 일이 있었나요? 41년 전이죠"라고 질문하면, HSAM에 속하는 사람들은 항상 요일을 먼저 말하고 날씨를 말한 다음에 일화기억을 회상한다. "토요일이었고, 아침에는 흐렸고 오후에는 맑았습니다." 아침과 오후 날씨를 따로 기억하고 있는 것이 놀랍다. "땅에는 약간 눈이 덮여 있었고, 근처에 사는 삼

촌이 가축을 35달러에 파셨어요." 그들은 모든 걸 다 기억한다.[53]

이처럼 완벽한 기억을 가진 사람들은 모든 것을 다 기억하는 능력이 있으니 평생 시험이라는 시험은 모두 매우 쉽게 통과해서 대단히 좋은 직업을 가졌겠다고 생각할 수 있다. 하지만 의외로 이들은 매우 평범한 직장에 다니고 평범하게 사는 경우가 많다고 한다. 그 이유는 더 연구가 필요하겠지만, 아마도 모든 것을 완벽하게 다 기억한다는 것이 그다지 적응적인 능력이 아니기 때문일 것이다. 나의 뇌가 컴퓨터의 하드드라이브처럼 모든 정보를 다 저장하고 있는 수동적인 저장소라면 모든 기억을 다 완벽히 저장하는 것이 목적에 합당할 것이다. 하지만 뇌는 단순한 정보 저장소가 아니다. 뇌는 불필요한 기억은 지우고 부적응적인 기억은 억제하며 좋은 기억은 더 잘 기억하는 등 적응과 생존을 위해 필요한 균형 잡힌 인지 능력을 갖추고 있어야 한다. 그래야 미래에 펼쳐지는 어떠한 환경의 변화나 사건에 대응할 수가 있다. HSAM에 해당하는 사람은 아주 무서웠던 장면을 떠올릴 때 기억이 너무도 생생하게 모두 인출되는 관계로 매우 힘들다고 한다.[54] 마치 PTSD 환자와 같이 모든 안 좋은 기억을 시간이 지나도 생생하게 떠올릴 수 있는 것이다.

신기한 것은 이 HSAM에 속하는 사람들을 데리고 MRI 기법 등 현대 뇌인지과학적 방법론을 동원하여 연구를 해봤지만, 정상인의 뇌와 아주 특별히 다른 점을 아직 찾지 못했다고 한다.[55] 뇌의 해부학적 구조나 겉모습만 보고는 작동 원리를 알 수 없다는 오랜 진리가 다시 한번 확인된다고 하겠다. 심지어 아인슈타인의 뇌도 겉으로 보면 일반인의 뇌와 특별히 다른 점을 많이 찾기는 쉽지 않았다고 한다. 물론 일반인의 뇌와 다른 점이 보고는 되었지만, 그것이 아인슈타인의 천재성과 어떤 연관성이 있는지는 직접적으로 입증된 바가 없다.[56] 뇌의 작동 원리를 비롯하여 개인차는 세포와 시냅스 수준에서 시시각각 매우 다이내믹하게 변화하는 살아 있는 상태에서 파악되어야 하며 정지된 상태인 죽은 자의 뇌나 MRI 사진을 가지고는 알기 어렵다. 누군가 그런 정적인 자료를 바탕으로 너무 많은 뇌의 인지 기능을 TV 등에 나와 이야기한다면, 그 사람은 사이비 뇌인지과학자일 가능성이 크다. 1796년 두개골의 모양이 뇌 표면의 모양을 반영한다는 골상학phrenology이라는 사이비 과학 이론을 들고나와 두개골 모양을 보면 그 사람의 심리 특성을 알 수 있다고 주장했던 프란츠 골Franz Gall[57]과 마찬가지다.

여기서 말하고자 하는 핵심은, 뇌의 학습과 기억의 원리를 완벽하게 아는 것은 이를 공학적 기술로 구현하는 데 필수적이지만, 완전한 기억을 소유하는 것과는 다른 문제라는 것이다. 윌리엄 제임스William James라는 유명한 심리학자가 했던 말을 잊지 말자. "잊어버리는 것은 기억하는 것만큼이나 중요한 능력이며, 벌어진 모든 일을 기억하는 것은 아무것도 기억하지 못하는 것과 같을 수 있다."[58] 망각하는 것도 적응적 '학습'의 중요한 부분이란 뜻이다. 모든 것을 기억하고 있는 것은 마치 지금의 컴퓨터와 같이 가치 판단을 할 수 없어서 쓸지 안 쓸지 모르지만 일단 그냥 모두 저장하고 보는 슬픈 기계와 같은 것이다. 무엇을 기억해야 하고 무엇은 기억할 필요가 없는지를 아는 것 역시 진화 과정에서 적응적 생존을 위해 터득한 인간 뇌의 특별한 기능이다.

Q 묻고

답하기 A

자폐아의 경우는 해마 기능이 약하다
고 볼 수 있나?

자폐는 여러 가지 스펙트럼으로 나타나는 일련의
증상을 총칭해서 부르는 말이며 학문적으로는 자
폐 스펙트럼 질환Autism Spectrum Disorder, 줄여서 ASD
라고 한다. ASD 환자의 뇌는 세상 속의 사물이나
사람과 상호작용하지 못하고 기계학습을 하는 지
금의 인공지능 컴퓨터처럼 자기만의 세계에 자신
을 가두게 된다. 이렇게 되면 가장 문제가 되는 게
사회생활이다. 해마는 기본적으로 자극들 사이의

관계를 학습하는 영역이라고 설명한 바 있다. 책에서는 많이 설명하지 않았지만, 우리의 사회생활도 사람들 사이의 관계가 핵심이며, 해마는 인간관계의 학습과 기억에도 매우 중요한 것으로 알려져 있다.[59] ASD를 앓고 있는 환자의 해마는 공간에 대한 학습과 기억이나 일화기억 등의 인지 영역에서도 정상인에 비해 그 기능이 떨어지는 것으로 보아 자폐 증상과 해마의 기능과는 밀접한 관계가 있는 것으로 추정하고 있다. 갓난아기 시절에 아마도 해마에 구조적 이상이 발생하는 것으로 추정되지만 아직 정확한 과학적 이유는 모르고 있다.

ASD 연구와 같은 분야는 마땅한 동물 모델을 발견하기 어렵기 때문에 연구의 속도가 상당히 더딘 편이다. 이는 조현병이나 치매 연구도 마찬가지이다. 사람처럼 오래 사는 동물이 별로 없기 때문에 그런 면도 있다. 그래서 자폐의 경우, 해마의 기능에 문제가 있다는 것은 알고 있으나 어떤 기전이 망가져서 그런지는 아직 잘 모른다.

사람을 비롯한 동물이 공간에서 목표지향적 행동
을 할 때, 뇌의 해마를 비롯한 관련 신경망과 뉴런
수준에서 어떤 정보처리가 일어나야 목표 달성을
위한 학습과 기억이 제대로 될 수 있는지 연구하고
있다.

목표지향적 행동이란 공간상의 특정 지점에 도
달하고자 하는 목표goal를 가지고 그곳에 도달하는
데 필요한 하위 행동들을 공간상에서 특정 시간
순서에 맞춰 조직화하는 것을 말한다. 마치 집에
서 나가서 회사에 가기까지 일련의 중요한 하위
행동들을 순서대로 잘 조직화해서 실행해야만 목
표 지점인 회사에 도달할 수 있듯이 말이다. 해당
목표에 도달하기까지 뇌는 계속해서 목표를 잊어
버리면 안 되고 가장 효율적으로 목표에 도달하
는 방식을 효율적으로 단시간 내에 학습해야 한
다.

이를 위해서는 공간상의 특정 위치에 높은 가치를 부여하는 학습이 뇌에서 이루어져야 하고, 이때 해마가 중요한 역할을 하는 것으로 추정된다. 목표를 계속 상기시키기 위해서는 아마도 전전두피질 및 이와 관련된 일련의 신경망들의 역할이 중요할 것이다. 공간 속에서 여러 장소를 옮겨 다니는 동안 해마 및 해마와 연관된 신경망들은 내 몸의 위치를 계산해내고 내가 목표와 얼마나 멀리 떨어져 있는지 끊임없이 계산해야 하며, 앞으로 어떤 움직임을 보여 어떤 공간을 거쳐 목표 지점까지 갈 것인지 계획하고 실천해야 한다. 목표에 도달한 경험들은 일화기억들로 저장해야 하고 이를 미래에 다시 쓸 수 있도록 효율적으로 찾는 방법도 학습해야 할 것이다. 보기에는 매우 간단하게 보이는 행동도 뇌 속에서는 엄청난 계산과 많은 신경망의 협업이 있어야만 가능한 것이다.

현재 나의 연구실에서는 이 모든 변수를 자유롭게 조절하며 실험해보기 위해 가상현실 기술을 이용해서 연구를 진행하고 있다. 특히 지금까지

학계에서 간과한 측면이 있는, 시각 장면scene 정보
가 해마의 목표지향적 행동 선택에 중요하다는 점
에 대해서 집중적으로 연구하고 있다.

뇌는 우리에게 완전한 기억을 제공한다

아마 대부분의 자연과학을 연구하는 교수들이 그렇겠지만 나는 원래 연구실에서 잘 나오지 않는 연구자다. 그러나 최근에 코로나 바이러스로 인한 팬데믹이 장기화되면서 카메라 앞에 설 일이 자주 생기고, 대중적인 강연을 할 기회도 점차 늘어나고 있다. 강의실에서 학생들 혹은 연구원들을 대상으로 전문적인 용어들을 사용하며 강의를 하고 연구 지도를 하는 것에 비해, 일반인들을 상대로 뇌인지과학의 연구 내용을 소개하는 것은 우리 같은 연구자에게는 상당히 어려운 일이다. 대중 강연을 하다 보니 '연구실에서 연구하고 있는 내용을 좀 더 쉽게 전달하려면 어떻게 해야 할까' 하는 고민을 많이 하게 되었다. 연구실에서는 모두가 너무도 당연하게 생각하는 내용을 풀어서 설명할 때, 일반인 청중이 고개를 끄덕이며 동감하면 상당한 보람을 느낀다. 일반인들도 자신들의 뇌에 대해 궁금한 것이 상당히 많을 터인데 '좀 더 일찍 이런 기회를 마련해서 설명하면 좋았을 걸' 하는 생각도 한다. 부디 이 책의 내용이 일반인들에게 뇌의 학습과 기억에 대한 기본적인 지식과 그 의미를 조금이라도 더 잘 전달했으면 하는 바람이다. 무엇보다도 '뇌는 우리에게 완전한 기억을 제공한다'라는 평범한 진리를 공유했으면 한다. 완전하다는 것은 완벽하다는 것과는 다른 말이다. 우리가 생명체로 살아가면서 생존하고 삶을 영위하는 데 모자라지도 않고 넘치지도 않는 균형 잡힌 상태를 이야기한다.

항상 당부하고 싶은 것이 한 가지 있다. 연구실에서 어떤 연구 결과가 나오면 이것은 사실 상당히 어려운 내용이다. 내용이 아무리 어려워도 과학자라면 그 내용을 일반인에게 설명할 수 있어야 한다고 생각한다. 하지만 너무 쉽게 설명하려는 의욕이 지나쳐서 내용을 각색하다 보면 연구의 본질적인 결과가 왜곡될 수 있다. 연구자가 직접 대중을 만나 설명한다면 아마도 그런 일은 많이 일어나지 않겠지만, 신문이나 방송과 같은 미디어를 통해 연구 결과를 대중에게 전달하는 경우 기사를 작성하는 과정에서 왜곡이 일어날 수도 있다. 뇌는 우리 개개인에게 특별한 기관이기 때문에 연구 결과가 나오면 누구나 한 번쯤 보게 된다. 이런 이유로 연구 결과가 과장되거나 왜곡되어 전달되지 않도록 연구자와 미디어도 노력해야 하지만, 그에 못지않게 중요한 것은 일반 대중들이 눈높이를 높이는 것이다.

2014년 노벨상을 수상받은 해마의 장소세포가 발견되었을 때 우리나라 신문에서는 '뇌 안의 GPS 발견하다' 이런 식으로 머리기사 제목을 뽑았다. 또는 해마에 대한 어떤 연구 내용이 나오면 '치매, 드디어 극복의 길이 열리다'라고 기사 제목이 나온다. 이런 종류의 기사는 치매 환자가 있는 가정에는 굉장히 반가운 소식처럼 들릴 수 있지만, 당연히 기사의 제목은 과장된 것이다. 생쥐를 대상으로 한 연구 결과를 인간의 뇌에 적용하는 과정에는 너무도 많은 장애물이 극복되어야 하기 때문이다. 뇌와 관련된 내용은 자극적으로 보도되는 경우가 많으므로 조심해야 한다. 이런 과장된 뉴스로부터 자신을 보호하는 길은 없을까? 뇌과학과 인지과학에 대한 기초 교양서적을 많이 읽고, 특정한 연구 방법을 사용해서 나온 결과를 해석할 때 조심해야 할 점 등을 알고 있으면 된다.

사실 그렇게 어려운 것도 아닌데 뇌인지과학으로 대학원에서 학위를 받은 사람들이 사회나 언론계로 많이 진출한 미국이나 유럽의 경우와 달리 우리나라는 아직 중고등학교와 대학교에서 뇌인지과학에 대해 기초적인 교육조차 받을 기회가 너무 없다. 서양에서는 대학의 학부에 뇌인지과학과가 당당히 자리를 잡은 경우를 볼 수 있으나, 우리나라의 사정은 정반대이다. 따라서, 현재로서 우리나라에서는 권위 있는 영어신문의 과학 면이나 교양서적, 그리고 일반인도 들을 수 있는 온라인 강좌 등을 통해 자신이 직접 정보를 수집하고 판단력을 갖출 수밖에 없다. 다른 것도 아니고 내가 생존을 위해 의존하는 뇌이므로, 나의 미래를 좌우하고 나의 평생을 기억하고 있는 뇌이므로, 어느 정도 기본적인 지식은 갖추고 미래를 대비하면 좋을 것 같다. 이렇게 자기 기준이 어느 정도 생기면, 신문이나 방송에서 보도되는 내용을 선택적이고 비판적으로 수용할 수 있게 된다. 이러한 선진국형 과학 문화가 우리나라에도 하루빨리 정착되기를 바라고 이 책이 조금이나마 기여하기를 바란다.

마지막으로, 대중 강연을 하면 특히 학부모들에게 아이가 어떻게 하면 학습을 잘할 수 있냐는 질문을 자주 받는다. 뇌인지과학 실험을 많이 한 나의 경험에 비추어 보면, 학습을 정보처리 입장에서만 생각하는 분들이 많다는 생각이 든다. 마치 컴퓨터가 정보를 처리하듯 말이다. 누누이 강조하지만, 뇌의 학습은 생존을 위한 적응을 위해 이루어지며, 단순히 새로운 정보를 처리해서 저장한다는 측면 외에도 여러 특성이 하나로 응집되어야 효율적으로 이루어질 수 있다. 그중 내가 중요하게 생각하는 것은 바로 학습자의 동기 수준이다. 학습의 동기란 쉽게 말하면 해당 학습을 해야 하는 뇌 속의 '이유'다. 동기 수준이 높은 사람이 학습하는 뇌와 내적 동기 수준은 낮거나 아예 없는데 수동적이고 억지로 학습하는 뇌는 학습된 내용을 기억하는 강도나 향후 활용 정도 등의 측면에서 엄청난 차이를 가져온다. 가장 이상적인 학습은 왜 그 학습을 해야 하는지에 대한 이유를 주고 학습자가 그 이유를 간절히 느끼도록 하면 저절로 일어날 것이다. 그다음으로 내가 중요하게 생각하는 것은 학습자의 '회복력resilience'이다. 학습에는 시행착오가 따른다. 시행착오를 통한 학습은 실패를 동반하게 마련이다. 실패했을 때 학습 의지가 쉽게 무너지는 사람이 있다. 이런 사람은 실패하는 경험을 하는 것이 싫어서 더는 학습하지 않고 포기하는 경향이 있다. 실패해도 다시 오뚝이처럼 회복하고 계속해서 시행착오를 거듭할 수 있다는 것은 학습에 매우 중요하다. 다만, 앞에서 말한 동기 부여가 강력하게 이루어진다면 사실 시행착오를 하다가 좌절하는 것은 그리 크게 걱정하지 않아도 될 것이다. 개인차가 존재하므로 각자에게 맞는 동기화 방법을 잘 개발한다면 나머지는 뇌가 알아서 할 것으로 믿는다.

주석

1. Thorndike, E. L. (1927). The law of effect. The American Journal of Psychology, 39:212 – 222.

2. Sutton, R.S., and Barto, A.G. (2018)Reinforcement Learning: An Introduction. Second Edition MIT Press.

3. Thorndike, E. L. (1927). The law of effect. The American Journal of Psychology, 39, 212 – 222.

4. Sutton, R.S., and Barto, A.G. (2018) Reinforcement Learning: An Introduction. Second Edition. MIT Press.

5. Hassabis D, Kumaran D, Vann SD, Maguire EA. (2007). Patients with hippocampal amnesia cannot imagine new experiences. Proc. Natl. Acad. Sci. U.S.A. 104(5):1726-1731. doi: 10.1073/pnas.0610561104.

6. Hassabis D, Kumaran D, Maguire EA. (2007). Using imagination to understand the neural basis of episodic memory. Journal of Neuroscience 27(52):14365-14374.

7. Cohen, N. J., and Squire, L. R. (1980). Preserved learning and retention of pattern analyzing skill in amnesia: Dissociation of knowing how and knowing that. Science, 210:207 – 209.

8. Squire, L.R., and Wixted, J.T. (2011). The cognitive neuroscience of human memory since H.M. Annu. Rev. Neurosci. 34:259-288.

9. https://en.wikipedia.org/wiki/Mass_Action_Principle_(neuroscience)#cite_note-1

10. Roediger, H. L., Dudai, Y., & Fitzpatrick, S. M. (2007). Science of memory: concepts. New York, NY: Oxford University Press.

11. https://en.wikipedia.org/wiki/Memory_consolidation#cite_note-Roediger-19

12. Ragilo, A. (2015). Music interventions in Parkinson's disease: The state-of-the-art. Front. Neurol. 6:185. doi: 10.3389/fneur.2015.00185

13. https://en.wikipedia.org/wiki/Endel_Tulving#cite_note-13

14. https://en.wikipedia.org/wiki/Nicola_Clayton

15. Clayton, N.S., and Dickinson, A. (1998). Episodic-like memory during cache recovery by scrub jays. Nature 395:272-274.

16. https://en.wikipedia.org/wiki/Mass_Action_Principle_(neuroscience)

17. Scoville, W.B., and Milner, B. (2000). Loss of recent memory after bilateral hippocampal lesions. J. Neuropsychiatry Clin. Neurosci. 12(1):103-113.

18. Squire, L.R. (2009). The legacy of patient H.M. for neuroscience. Neuron. 61(1): 6-9.

19. https://theconversation.com/fireworks-can-torment-veterans-and-survivors-of-gun-violence-with-ptsd-heres-how-to-celebrate-with-respect-for-those-who-served-141731

20. Scoville, W. B.; Milner, B. (1957). "Loss of Recent Memory After

Bilateral Hippocampal Lesions". Journal of Neurology, Neurosurgery & Psychiatry. 20 (1): 11–21. doi:10.1136/jnnp.20.1.11. PMC 497229. PMID 13406589.

21. https://www.youtube.com/watch?v=OKzOQ1uezYc

22. https://pubmed.ncbi.nlm.nih.gov/24473151/

23. https://www.nytimes.com/2016/08/07/magazine/the-brain-that-couldnt-remember.html

24. https://www.youtube.com/watch?v=tXHk0a3RvLc

25. Changes Are Urged in Use of Eyewitness Testimony – The New York Times (nytimes.com)

26. https://en.wikipedia.org/wiki/The_dress

27. Tolman's cognitive map.

28. O'Keefe, J., Dostrovsky, J. (1971). The hippocampus as a cognitive map. Preliminary evidence from unit activity in freely-moving rat. Brain Res. 34(1):171-175. doi: 10.1016/0006-8993(71)90358-1

29. https://www.nobelprize.org/prizes/medicine/2014/press-release/

30. Maguire, E.A., Gadian, D.G., Johnsrude, I.S., Good, C.D., Ashburner, J., Frackowaiak, R.S., Frith, C.D. (2000). Navigation-related structural change in the hippocampi of taxi drivers. Proc. Natl. Acad. Sci. U.S.A. 97(8):4398-4403. doi: 10.1073/pnas.070039597

31. Ramierz, S., Liu, X., Lin, P., Suh, J., Pignatelli, M., Redondo, R.L., Ryan, T.J., and Tonegawa, S. (2013). Creating a false memory in the hippocampus. Science 341(6144):387-391.

32. A. M. Turing (1950) Computing Machinery and Intelligence. Mind 49: 433-460.

33. Turing, A.M. (1950). Computing machinery and intelligence. Mind LIX(236):433-460.

34. 1947년 lecture (https://www.britannica.com/technology/artificial-intelligence/Alan-Turing-and-the-beginning-of-AI)

35. https://ko.wikipedia.org/wiki/%ED%8A%9C%EB%A7%81_%ED%85%8C%EC%8A%A4%ED%8A%B8

36. Turing, A.M. (1950). Computing machinery and intelligence. Mind LIX(236):433-460.

37. Larson, E.J. (2021). The myth of artificial intelligence: Why computers can't think the way we do. Belknap Press.

38. Demis Hassabis - Wikipedia

39. Demis Hassabis, Ph.D. | Academy of Achievement

40. Hassabis D, Kumaran D, Vann SD, Maguire EA. (2007). Patients with hippocampal amnesia cannot imagine new experiences. Proc. Natl. Acad. Sci. U.S.A. 104(5):1726-1731. doi: 10.1073/pnas.0610561104.

41. https://wallstreetpit.com/113367-googles-ai-plan-worlds-most-powerful-entity-goog/

42. https://www.deepmind.com/research/highlighted-research/alphafold

43. Researchers: Are we on the cusp of an 'AI winter'? - BBC News

44. https://aiis.snu.ac.kr

45. 선도혁신연구센터 | 서울대학교AI연구원(AIIS) (snu.ac.kr)

46. https://www.theguardian.com/technology/2017/jul/01/volvo-admits-its-self-driving-cars-are-confused-by-kangaroos

47. AI Bot Designed To Answer Ethical Questions Becomes Racist And Homophobic (truththeory.com)

48. https://neuralink.com/

49. https://www.youtube.com/watch?v=rsCul1sp4hQ

50. https://pubmed.ncbi.nlm.nih.gov/10404201/

51. https://cnlm.uci.edu/hsam/
https://www.youtube.com/watch?v=hpTCZ-hO6il
https://en.wikipedia.org/wiki/Hyperthymesia

52. https://en.wikipedia.org/wiki/Daniel_McCartney
https://www.theguardian.com/science/2017/feb/08/total-recall-the-people-who-never-forget

53. James McGaugh : Highly Superior Autobiographical Memory (https://www.youtube.com/watch?v=YDbFSiMg_nQ)

54. https://time.com/5045521/highly-superior-autobiographical-memory-hsam/

55. LePort, AKR, Mattfeld, AT, Dickinson-Anson, H, Fallon JH, Stark, CEL, Kruggel, FR, Cahill, L, & McGaugh, JL (2012) Behavioral and neuroanatomical investigation of Highly Superior Autobiographical Memory (HSAM). Neurobiology of Learning and Memory, 98(1), 78-92.
LePort AKR, Stark SM, McGaugh JL, & Stark CEL (2017). A cognitive assessment of Highly Superior Autobiographical Memory. Memory.

25(2):276-288.

56. Diamond, M.C., Scheibel, A.B., Murphy, G.M., and Harvey, T. (1985). On the brain of a scientist: Albert Einstein. Exp. Neurol. 88(1):198-204.

57. https://en.wikipedia.org/wiki/Phrenology

58. William James (1890). The Principles of Psychology. Henry Holt and Company.

59. Hippocampal contributions to social and cognitive deficits in autism spectrum disorder - PubMed (nih.gov)